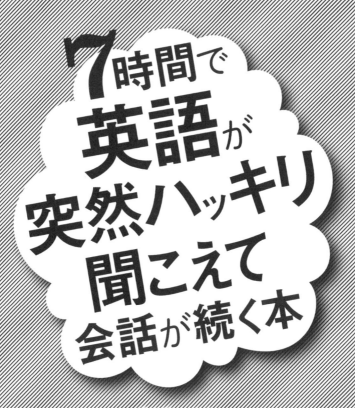

7時間で英語が突然ハッキリ聞こえて会話が続く本

デイヴィ・ラウ
Davy Lau

ダイヤモンド社

INTRODUCTION
はじめに

みなさん、こんにちは！

私はDavy Lau、生まれは香港で、現在はシンガポールで投資会社の社長をしています。また、社長業の傍ら、シンガポール国立大学のビジネススクールで、5日間で学ぶ"超"効率的な英語コミュニケーション術を、主に、アジアからの留学生を対象に教えています。

これまで、グローバル・ビジネスを主戦場にしてきた私が、日本人のために英語の速習法の本を執筆しようと思ったのは、**実は「日本への恩返し」をしたいという思いから**です。

私は香港の貧困家庭に生まれ育ちましたが、10代後半の時、人生の大きな扉を開くチャンスを与えてくれたのが、日本でした。日本の文部省（当時）の奨学金制度によって、東京外国語大学に留学し、勉強するチャンスを得ることができたのです。

東京外大入学後は日本語を言語学として学びながら、日本の多くの学生に英語を教えてきました。また、東京外大の日本語学科を首席で卒業した後は、一橋大学の大学院などを経て、アメリカ企業の日本支社を皮切りに、数多くのグローバル企業で仕事をしてきました。

シンガポールに渡ってからは、世界的なヘッドハンティング会社のアジア支社長を歴任したり、アメリカ、香港、シンガポールなどの上場企業の役員を務めていたこともあります。

学生時代からこれまで**私が英語を教えてきた日本人の数は1000人以上になる**と思います。その中で気づいたことがあります。

それは、

「日本人は最も速く、英語を習得できる民族だ!」ということ。

　私は世界中の英語ネイティブや、ノン・ネイティブと接してきましたが、本来、日本人は、ノン・ネイティブの国の人たちの中でも、最も速く、最も効率よく、英語をマスターできる民族なのです。

　ところが実際はどうでしょうか。
「英語で会話ができる」と自信をもって言える人の割合は、アジアでも非常に少ないという現状があります。中学でも高校でも（さらに大学でも!）英語を勉強してきて、「当時のテストの成績は結構よかった」「英語は得意教科だった」というような人でも、いざ英語での会話となると頭の中がぐるぐるしてしまって言葉にならない、相手の言葉がほとんど聞き取れなくて固まってしまう……という有様です。

　なぜそんなことになってしまうのか?　そこには2つの大きな理由があります。

　1つ目の理由は、「英語の勉強の方法が間違っている」ということです。
　日本人ほど真面目に熱心に英語を勉強"しよう"としている人たちは他にいないのですが、そのやり方が「ザンネン!」なのです。英語に関する知識はどんどん増えていくのに、**英語をコミュニケーションの道具として"使おう"という意識が足りません。**
　2つ目は、これはみなさんのせいではなくて、教える側の問題です。日本人に最適な勉強方法を説明している本や教材を、私の知る限り、

見つけることができません。**慣れ親しんだ日本語と、新しく学ぶ英語の「言語」としての違いが考慮されていない**のです。

その理由は、英語の教材を作っている人のほとんどが「英語ネイティブ」の欧米人か、あるいは英語を学んで習得した日本人だからです。

彼らは、英語を話すことは得意でしょうが、日本語の特徴についての知識はあまりありません。また、著者のほとんどは語学教師で、英語を実際に使ってビジネスで成功を収めるという経験があまりないという点も挙げておきたいと思います。

大事なことなので繰り返しますが、これまでに様々な国の英語ノン・ネイティブの人たちに英語を教えてきた経験の中で、私が発見したのは、**方法さえ間違わなければ、日本人は最も速く英語を習得できる民族だ**ということです。その発見に基づいて研究を重ねた結果編みだしたのが、本書でご紹介する、**日本人に最適で最速の、**

「7時間で、英語がハッキリ聞こえて、会話が続くようになる」

メソッドです。

これまでは、子どもの方が英会話の上達が速いなどと言われることもありましたが、私のメソッドではむしろ大人の方が、ずっと速く上達します。これまですでに蓄積されていたにもかかわらず、

眠っていた「英会話力」を目覚めさせるものだからです。

貧しかった香港の少年は、日本の大学に留学することで、世界への

切符を手にして、グローバル・ビジネスで成功しました。

その恩返しとして、私は、英語を真面目に学んでいるのになかなか上達しない多くの日本人の皆さんに向けて、本書を執筆することにしたのです。

振り返ってみると、私がどんなグローバル企業でも、すぐに活躍することができたのは、単なる語学力ではなく「コミュニケーション力」のおかげもあったと思います。

語学ができるということとコミュニケーションができるというのはイコールではありません。**人生において、より大切なのは「コミュニケーション力」の方です。**これが、最初に読者の皆さんに強く伝えたいメッセージでもあります。

また、皆さんにとって、**英語は「勉強するもの」ではなく「使いこなすもの」である**ということも覚えておいてください。「学ぶ」のが目的ではなく、「使える」ようにすることが目的です。

ですから、

本書は、英語の「テキスト」ではなく「ユーザー・マニュアル」

だと思ってください！

使い方が分からないものに出会った時には、マニュアルの1ページ目から順に手順を踏んで進みますよね。それと同じで、この本の場合も最初から順を追ってやっていただければ、英語がみるみるうちに「使える」ようになります。

しかも、たったの7ステップ、7時間。

　1つのレッスンは、1時間程度で理解できるボリュームになっています。もちろん、スムーズに使いこなすための訓練は必要ですから、動画を見ながらできる練習も用意しました。しっかり身についた、と思えるまで何度も繰り返し、「このレッスンはOK!」と自分で満足できたら、次のレッスンに進んでください。

　なお、このメソッド自体は、日常会話にとどまらずビジネス英語をマスターしたい人にも有効です。ビジネスの場合は、それに応じた単語や言い回しをさらに覚える必要がありますが、コミュニケーションの基本は一緒です。

　ほんとうに7時間で飛躍的に会話ができるようになるのかまだ信じられないかもしれませんね。

　では、どのようなステップを踏んで7時間で会話が楽しめるようになるのか、ご説明しましょう。

本書の成り立ち

PRE LESSON 初期設定

あなたの、英語の苦手意識をまずは「完全デリート」します。

LESSON 1

カタカナ英語の単語を英語らしく発音できるようになります。

英語っぽく話せる!

LESSON 2

中学英語の短文がネイティブみたいに話せるようになります。

正しい英語の発音ができるようになると、英語が聞こえ始めます。

LESSON 3

英語のリズムを体得します。英語がだんだんハッキリと聞こえてきます。

> 何を言ってるか分かる!

LESSON 4

日本人が英語を話せないのは、日本人特有の「恥」の意識も関係があります。そのメンタル・ブロックを外します。

LESSON 5

難しい英文を使おうとしなくてOK。たった8つの「つなぎ語」と中学英語の短文だけで、意志が伝えられるようになります。

LESSON 6

相手の言葉を聞いて「オウム返し」するだけで、会話が続くコツを教えます。もう会話がすぐに終わることはありません。

LESSON 7

会話を楽しく進めるための、12個の「必殺言い回し」を教えます。これだけで、会話がすごく盛り上がり、おしゃべりが止まらなくなります。

> おしゃべりが止まらない!

AFTER LESSON 課外授業

そして、7時間のレッスンのあとには、「おまけ」もあります。

ここで、英語での会話をさらに上達させるために日常に取り入れたい、"7つの習慣"を皆さんにシェアします。

　なお、本書に出てくる英文の多く（P.224までの **例** Example とついているところと、「LET'S TRY」のコーナー）は、下記のQRコードにアクセスすれば、私が実際に発音しているところを、動画で見ることができます。

　ぜひ、そちらにも、パソコンやスマホでアクセスし、実際に私が発音したり話したりするときの口の動きをみたり、音声を聞きながら、勉強を進めてくださいね。

　また、動画で、私が最初に話しているストーリーがありますので、それを最初に聞いた時と、7時間が終わった後に聞いた時ではどのくらい、聞き取れるようになっているかも、期待してくださいね！

　それでは始めましょう。　Now, let's begin!

CONTENTS

LESSON 第2時間目 **2** 短文がネイティブみたいに話せる!　54

LESSON
第3時間目 **3** リズムに乗れたら、
英語がたちまち聞こえ出す!　　**84**

LESSON
第4時間目 **4** 日本人の「恥の心理」=
メンタル・ブロックを吹き飛ばす!　108

この本の登場人物

Davy

シンガポール在住の国際投資家。学生時代に東京外大で日本語を学び首席で卒業。数々のグローバル企業でアジア支社長や役員を歴任。また現在、シンガポール国立大学のMBAコースで留学生たちに5日間で学ぶ"超"効率的な英語コミュニケーション術を教えている。今までに英会話を教えた日本人は約1000人。日本語の言語的特性と日本人の特徴をよく知っている。語学は「学ぶものではなく使うもの」がモットー。

ケイコ

海外のカルチャーが大好きな、旅行好きの会社員45歳。「学生時代は英語が苦手じゃなかった」はずなのに、つい構文や文法から考えてしまうので外国人とテンポのいい会話ができない。また、相手の言うことがほとんど聞き取れないので、あいまいに笑って会話が終了することも多い。「外国人と、カッコよく会話を続けられるようになりたい！」は昔年の夢。

サトシ

ケイコの会社の後輩。20代後半のビジネスパーソン。3か月後にシンガポールへの転勤が決まっており、初の外国での一人暮らしに不安を覚えている。先日仕事で出会ったシンガポール人女性に憧れていて、なんとか仲良くなりたいと思っている（もちろん仕事もバリバリやりたい！）。

PRE LESSON

あなたの中には、すでに英語がたくさん眠っている

これまで何十年も日本人に英語を教えてきたけど、一番効果的なのが、カタカナ英語と簡単フレーズだけで話す方法。これがいちばん速くて、効果的！

えっ？　私は結構英語を勉強した時期もあって、英語の新聞や本も読めるんですけど。カタカナ英語から始めるって、ちょっとレベルが低すぎませんか？

あなたは英語で難しい本が読みたいの？　それとも楽しくコミュニケーションがしたいの？

それは、今はもう断然、楽しく会話がしたい！
実は、私の英語、恥ずかしながら、全然通じないし、一番困っているのは、相手が何を言っているのか、まったく聞き取れないことなんです。

PRE LESSON
初期設定

LESSON 1
1時間目

LESSON 2
2時間目

LESSON 3
3時間目

LESSON 4
4時間目

LESSON 5
5時間目

LESSON 6
6時間目

LESSON 7
7時間目

AFTER LESSON
課外授業

初期設定

英語の苦手意識を
完全、デリート！

Davy

ふふふ。そうでしょう。子どもみたいな片言のカタカナ英語ではプライドが許さない！　という気持ちは分かりますが、まずは簡単でも伝わる言葉で話さなくっちゃ。そうすると聞き取りもできるようになってくるんですよ。

僕も読んだり書いたりはできるけど、なかなか外国人の会話に入れなくて……。もっと英語で素直な気持ちを伝えたいです……。

サトシ

Davy

シンプルに気持ちを伝える。そのためにも、カタカナ英語がとっても役に立つんです。これは最初のステップ、いわば準備編。「英会話は難しい」という意識を変えるための初期設定です。ちゃんと7時間のレッスンが終わる頃には、英語がハッキリ聞き取れて、かっこよくペラペラ話せるようになれるから、私にまかせてください！　これまで、多くの日本人がこの方法で、飛躍的に英語がうまくなったから大丈夫！

日本人は最初から英語を 2000単語以上、知っている!

日本人は誰でも、外国人の5歳児以上の語彙力がある

　日本人はカタカナ語が好きですよね。実際、若い人たちやビジネスシーンでの会話などを聞いているとカタカナ語がかなりの割合で飛び交っていますし、新聞や雑誌を読んでいてもたくさんのカタカナ語に出会います。

　「日本語の日常語として、いったいどのくらいのカタカナ語があるんだろう?」。そう思った私は、**中学生用の和英辞典をまるごと1冊、1000ページ近くめくって、英語のカタカナ語を数えてみました**。「テレビ」「パソコン」のような和製英語ではありません。英語をそのままカタカナにした言葉、たとえば「グラス」「インテリア」「コンピュータ」などを拾いました。つまり、英語そのままのつづりでカタカナになったもの、そして元の意味をキープしている言葉だけを数え上げてみたわけです。

　その結果は、1862語!　辞書には載っていないビジネス用語などを加えれば、2000語程度のカタカナ英語を日本人は知っているということになります。

　英米の5歳くらいの子どもたちの語彙数は500〜1000程度だと言われています。彼らはそれだけの数の言葉で自分の意思を表し、他

人の話を理解しながら、問題なく生活できていますよね。文法の知識もまだないし、世間のこともよく分かってないのに、不自由なくコミュニケーションを楽しんでいます。

　日本人の大人はカタカナ語ではあるけれど2000程度の英単語を知っていて、しかも学生時代に英語の文法も勉強しています（中学１年生レベルを覚えていれば大丈夫！）。しかも、相手の気持ちを理解する力だって子どもとは段違いですよね。

　だから、このまま、外国に放り込まれたって大丈夫。**カタカナ英語と中学の文法だけで、コミュニケーションできます。**

　まずは、すでにある知識を活用して英語を話すことに、慣れていきましょう。

カタカナ英語と中学文法で、すぐに会話できる！

　まずは、それを実感してもらいましょう。たとえば次のようなシチュエーションです。

例 Example

　サトシは出張先のシンガポールのホテルで日本円を両替したいと考えました。「両替」の「exchange」という単語を忘れても、カタカナ英語の「change」が使えますね。

サトシ Excuse me. Can you change 30000 Japanese yen to Singapore dollars, please?
ここにある３万円をシンガポールドルに両替してもらえますか？

PRE LESSON 初期設定

LESSON 1 1時間目

LESSON 2 2時間目

LESSON 3 3時間目

LESSON 4 4時間目

LESSON 5 5時間目

LESSON 6 6時間目

LESSON 7 7時間目

AFTER LESSON 課外授業

　ところが、ホテルのスタッフが渡してくれた352ドルは、ほとんどがS$50の大きな額面の紙幣でした。なるべく、小さな額面の紙幣にお金をくずしてほしかったサトシですが、「お金をくずす」という英語は思いつきません。そんな時、good ideaが！

サトシ　Oh sorry, can you please give me different notes, like $10, $5 or $2, and also some coins?
　　　　申し訳ありませんが、10ドル、5ドル、2ドルのような別の額面の紙幣と、小銭もいただけますか。

　「give me 目的語」という中学英語と「like〜」を使って具体的に「10ドル、5ドル、2ドルのような」という表現を用いることで「お金をくずす」という言葉を知らなくても相手に伝えることに成功しています。このように**「like〜」などを使って伝えたいことを具体的に分解すれば、意外に何でも、知っているカタカナ英語が見つかります。**

　その後、街に出たサトシは土産物屋でマーライオンのTシャツを見つけました。

サトシ　Oh, this Merlion T-shirt looks cool. How much is it? What colors do you have?
　　　　このマーライオンのTシャツはクールですね。いくらですか？ どんな色がありますか？

　店員さんによると「1枚15ドル」で、赤と青と緑の3色があるとのこと。3色全部買ったら安くしてくれるかと値下げ交渉はどうす

PRE LESSON 初期設定

LESSON 1 1時間目

LESSON 2 2時間目

LESSON 3 3時間目

LESSON 4 4時間目

LESSON 5 5時間目

LESSON 6 6時間目

LESSON 7 7時間目

AFTER LESSON 課外授業

ればよいでしょう?

サトシ｜ I want to buy all three colors, one each. Can you give me a better price?

3色全部買いたいです。もうちょっと「better」な(＝安い)値段になりますか?

　ここでもサトシは「give」と「better」という簡単な単語をうまく使っています。

　ほらね。カタカナ英語とシンプルな英語の構文だけで、ほとんどのことは相手に伝えることができそうな気がしてくるでしょう?このように、日常生活の場でも、旅先でも、またビジネスの場でもカタカナ英語と中1レベルの文法だけで意外に英会話はできちゃいます。あなたの中にすでにストックされている2000のカタカナ英語をおおいに活用しましょう。

　大事なのは、思いついた日本語にぴったりの英単語が分からなくてもあきらめないということ。無理やりにでもカタカナ語を思い出して使いましょう。相手には英語しか通じないんだから、**知っているカタカナ英語で伝えるしかないと覚悟を決めることが重要**です。

　もちろん、まだまだぎこちないでしょう。カタカナ英語だけでは、言いたいことの半分も伝えられないという場面もありますよね。大丈夫、焦らないでね。ここからがスタート。さあ、レッスンの1時間目を始めましょう。

LESSON 1

カタカナ英語が
英語っぽくなる!

CONTENTS

The more disciplined you become,
the easier life gets.

Steve Pavlina

ルールに従えば、人生は楽になる

スティーヴ・パヴリナ
（アメリカの自己啓発作家・起業家）

LESSON 1

ネイティブみたいに話すための一番大事なルールって？

Davy
どう？　日本人がいかに、最初から恵まれているか分かった？　だから全然、苦手意識を持たなくて大丈夫。

思っていた以上にカタカナ英語だけでも会話ができることに気づきました。それはいいんですが、でも、ほら、私が目指しているのは、大人の会話をスラスラと楽しめるレベルなので……。

ケイコ

僕も、英語でもっと深い話がしたいなぁ。さすがにビジネスで赤ちゃんみたいなのは……。

サトシ

Davy
オッケー。それは分かってますよ。大丈夫。私を信頼してついてきてください。ただし、これは英語を使いこなすための「ユーザーマニュアル」なので、絶対に勝手に途中を飛ばさないでね。順番に、きちんと設定していかないと機械をうまく動かせないですよね。それと同様、1時間目から順番にやっていかないと「相手の英語がハッキリ聞こえて、自分もカッコイイ英語を話せて、会話がはずむ」ようにはなれません。

1時間目はどんなことをやるんでしょう？

ケイコ

Davy

ケイコさんの願いの1つをここではかなえてあげましょう。「英語らしい発音」、つまり日本人が英語らしく聞こえるような発音をするためのヒミツをここで明らかにします。自分が英語らしく発音できないと、いつまでたっても「聞こえる」ようにはなれませんからね。これは、言語学を学んだ私だからこそ（エッヘン！）教えてあげられるんですよ。

発音記号とかアクセント、イントネーションなんかは学生時代に一生懸命、暗記したけど……。

ケイコ

Davy

ノーノー。そういうことではありません。日本人はアクセントにこだわるけど、それよりももっと、英語らしく聞こえるために大事なことがあるんです！　そのルールさえ理解できれば、あっという間に、どんなカタカナ英語もネイティブみたいな発音ができるようになりますよ！　そして、面白いほど自分の英語が通じるようになる。そのためには基本的な理論を「納得！」することが大事なので、ほんの少しだけ、言語学的なお話につきあってくださいね。

PRE-LESSON　初期設定

LESSON 1　1時間目

LESSON 2　2時間目

LESSON 3　3時間目

LESSON 4　4時間目

LESSON 5　5時間目

LESSON 6　6時間目

LESSON 7　7時間目

AFTER LESSON　課外授業

多くの日本人が知らない 英語と日本語の根本的な違い

日本語は母音で、英語の多くは子音で終わる

　英語らしい発音を身につけるために、知っておかねばならない重要なことが2つあります。

　まず1つ目は、**日本語は開音節言語であり、英語は閉音節言語であるということ。**ちょっと聞きなれない言葉ですよね。簡単に説明しましょう。

　日本語の音は五十音（あかさたな……）からなっていますが、「ん」以外は必ず母音（A、I、U、E、O）で終わります。

カ(KA)　キ(KI)　ク(KU)　ケ(KE)　コ(KO)
サ(SA)　シ(SI)　ス(SU)　セ(SE)　ソ(SO)

　このように「母音」で終わる言葉を「開音節言語」と言います。日本語の他には、スペイン語、イタリア語、ハワイ語、中国語なども開音節言語ですが、世界でもそんなに多くはありません。

　一方、**英語は開音節言語ではありません。つまり、母音で終わる単語は少なくて、圧倒的に子音で終わる単語が多い**のです。

HAT、CUP、BOOK、MORNING、PENCIL、DRINK、
BEAUTIFUL

　そもそも英語の26のアルファベットのうち、母音は５つで残りの21はすべて子音です。

母音　A E I O U
子音　B C D F G H J K L M N
　　　P Q R S T V W X Y Z

　これらの子音で終わる音をすべて、日本語の感覚で母音で終わる音のように発音しなければならないと無意識に思っていることが日本人の英語の発音がおかしくなってしまう原因です。正しい発音が分からないから、当然、聞き取りも苦手になります。

大原則 1

- - - - - - - - - - - - - - - -

「日本語は母音で終わる」

「英語は子音で終わる
単語がほとんど」

PRE LESSON 初期設定

LESSON 1 1時間目

LESSON 2 2時間目

LESSON 3 3時間目

LESSON 4 4時間目

LESSON 5 5時間目

LESSON 6 6時間目

LESSON 7 7時間目

AFTER LESSON 課外授業

日本語は手拍子を打つリズムで発音

　重要なことの2つ目は、**日本語は「拍」（手拍子を打つ時の「拍」ですね）を意識して発声される**ということです。日本人が日本語を話す時には1つひとつの音をだいたい同じ長さで発声することがほとんどです。文の中のある特定の音だけを伸ばして話すことは、通常はありません（もちろんどんなことにも例外はあります）。

ぼうし（ぼ・う・し）　ちゃわん（ちゃ・わ・ん）
本（ほ・ん）　朝（あ・さ）　美しい（う・つ・く・し・い）

　日本語を話すときの音の最小単位はモーラ（MORA）と言います。たいていの場合、モーラ1つがかな1つに該当します。そして、先ほどお話ししたように、1つひとつのモーラをほぼ同じ長さで発声して話します。このような言語は、世界の主な言語の中でも非常に珍しいもので、日本語の大きな特徴です。

ニ｜ホ｜ン　➡　モーラは3つ
シ｜ン｜ガ｜ポ｜ー｜ル　➡　モーラは6つ

　一方、英語はどうでしょうか？
　英語を話すときの音の最小単位は音節（シラブル／SYLLABLE）と呼ばれます。

JAPAN　➡　JA｜PAN　音節は2つ
SINGAPORE　➡　SIN｜GA｜PORE　音節は3つ

PRE LESSON 初期設定

LESSON 1 1時間目

LESSON 2 2時間目

LESSON 3 3時間目

LESSON 4 4時間目

LESSON 5 5時間目

LESSON 6 6時間目

LESSON 7 7時間目

AFTER LESSON 課外授業

大原則 2

「日本語はモーラ」
「英語は音節（シラブル）」

　このように日本語と英語には、2つの大きな言語学的違いがあるのですから、**日本人が日本語を話すときの習慣と感覚で英語を話しても、うまく話せるはずはありません。**

「マクドナルド」ではなく「マ・ド・ノ (d)」

　英語をカタカナ語にするとき、日本人は「すべての文字を1字ずつ読もうとする」という癖があります。

　例えば、日本でも大人気のハンバーガーチェーンのマクドナルド。ロゴの "McDonald's" は創業者マクドナルド兄弟の姓の McDonald を含んでいますが、本来の英語のつづりは MACDONALD です。これを見た日本人は「マ｜ク｜ド｜ナ｜ル｜ド」と6つのモーラに頭の中で変換してしまいます。でも、本来の英語の音節（シラブル）は｜MAC｜DO｜NALD｜の3つ。**カタカナで近い読み方を書くとしたら「マ｜ド｜ノ (d)」となります。**海外で「マクドナルド」と言っても、まったく通じないのはこのためです。

「音節読み」を身に付ければ、 一気に英語っぽくなる!

「モーラ読み」から「音節 (シラブル) 読み」へ

日本人は、本来、**子音が多く、音節 (シラブル) で切れる英語の発音を、母音で終わるモーラでの発音に無意識のうちに変換してし**まっているのです。

それに気づけば、カタカナ英語を本来の英語らしく発音する方法が分かりますね。**「音節 (シラブル) 読み」**(とここでは勝手に命名しますが) するには、要するに、ある英語 (たとえばMACDONALD) をカタカナ語にしたときに子音の読みとして (日本人が無意識に) 加えた「ク」「ル」「ド」など余計な音を全部とり、元の英語の音節の数で発音すればいいのです。具体例を見ていきましょう。

例 Example

GOOD MORNING

モーラ読みをすると ➡ | グ | ッ | ド | モ | ー | ニ | ン | グ |

実際の英語では、音節は3つ。

| GOOD | MOR | NING |

　　　グ　　　　モ　　　ニ(ng)

LEMONADE

モーラ読みをすると ➡ ｜ レ ｜ モ ｜ ネ ｜ ー ｜ ド ｜

実際の英語では、音節は3つ。

｜ LE ｜ MO ｜ NADE ｜
　レ　　モ　　ネイ(d)

母音の入っているところが、1つの音節に

では、音節はどこで区切ればいいのでしょうか？　勘のいい方ならもうお気づきでしょう。**英語の音節の数は、母音の数に相当している**のが分かりますね。母音の入っている部分が1つのかたまりとなって、1音節になります。

大原則3

英語の音節の数は
母音の数と同じ

また、英単語では重母音（2つの母音が続く）をよく見かけます。GOODやBEATなどです。これら重母音は、重母音が入っている部分が1つのかたまりで、1音節になります。発音するときには、普通の母音よりも少し伸ばします。

PRE LESSON 初期設定
LESSON 1 1時間目
LESSON 2 2時間目
LESSON 3 3時間目
LESSON 4 4時間目
LESSON 5 5時間目
LESSON 6 6時間目
LESSON 7 7時間目
AFTER LESSON 課外授業

例 Example

GOOD

モーラ読みをすると ➡ ｜グ｜ッ｜ド｜

実際の英語では、音節は１つ

｜GOOD｜

グー(d)

BEAT

モーラ読みをすると ➡ ｜ビ｜ー｜ト｜

実際の英語では、音節は１つ

｜BEAT｜

ビー(t)

　ただし、どんなことにも例外はあります。

　ついでに話しておきましょう。それは語尾がＥで終わる場合です。この場合は、前の母音と１つのかたまりになって１つの音節を構成します。

例 Example

　SALE

モーラ読みをすると ➡ ｜セ｜ー｜ル｜

実際の英語では、シラブルは１つ

｜SALE｜

セゥ

　日本人が英語をカタカナにする時に子音をモーラとして発音しようとする癖があることに気づけば、本来の英語らしい発音（音節の数は母音の数に等しい）にすることは難しいことではありません。忘れないうちに、練習しておきましょう。慣れてくれば、自動的に変換できるようになります。この本の表記では、母音の入らない子音だけの音は、カタカナではなく（　　）に入れてアルファベットで書いていますが、とりあえずは、あまり意識しないで、音節に分けて発音することだけを考えれば大丈夫です。

余計なモーラを取り除き、音節の数で発音

　下記のカタカナ英語を英語らしい発音の表記にしてみましょう。
ヒント：余計な子音のモーラを取り除いて、英語の音節の数にしたがってカナをつけましょう。

例 Example

　　| グ | ッ | ド | ナ | イ | ト | 　モーラ6つ

→ | GOOD | NIGHT | 　音節2つ

　　グ(d)　ナイ(t)

　　| バ | ス | ケ | ッ | ト | ボ | ー | ル | 　モーラ8つ

→ | BAS | KET | BALL | 　音節3つ

　　バ(s)　ケ　　ボゥ

　　| ア | イ | ス | ク | リ | ー | ム | 　モーラ7つ

→ | ICE | CREAM | 　音節2つ

　　アイ(s) クリー(m)

| ピ | ク | ニ | ッ | ク |　　モーラ5つ

→ | PIC | NIC |　音節2つ

ピ(c) ニ(c)

　コツがつかめてきましたね。では、あなたの周りを見渡してみて、カタカナ英語のものを片っ端からこのルールで発音してみてくださいね。身の回りのものはほとんどカタカナ英語で言えることに驚くはずです。

LET'S TRY!

部屋にあるモノを「音節読み」で発音

[動画を見ながら発音しましょう]

スリッパ　| SLIP | PER |

ベッド　| BED |

カーテン　| CUR | TAIN |

ノートブック　| NOTE | BOOK |

デスク　| DESK |

ボールペン　| BALL | PEN |

ラップトップ　| LAP | TOP |

クッション　| CU | SHION |

マスク　| MASK |

ジャケット　| JAC | KET |

コーヒーカップ　| COF | FEE | CUP |

部屋にあるモノはほとんどカタカナ英語で言える！

オフィスや街中でも、
目に入るモノのカタカナ英語を
すべて「音節読み」で
発音してみよう！

子音の発音ルールを、知ると知らないとで大違い！

英語特有の発音を身につけるには？

　モーラ読みを音節読みに変えるだけで、だんだん英語っぽくなってきましたね！　大原則１にあったように「英単語は子音で終わることがほとんど」ですから、さらに英語らしくするには子音の発音の練習をすると、一気に進化します！

語尾が子音で終わる単語の発音

語尾が s または ce

「s」や「ce」で終わる単語の発音は、日本語にもとても似ている音があります。「私は日本人です」と話す時の「す」が、それです。ささやくような感じで「s」と発音してください。この本では (s) と表記します。

例 Example

glass　｜(g)ラー(s)｜　ガラス
nice　｜ナイ(s)｜　良い

語尾が t

「t」で終わる時は、「１つ」と言う時の「つ」と似た音で軽く発音し

ます。決して1拍の長さで発音してはいけません（ほのかに聞こえる程度がGOODです）。口の形は「ツ」よりもむしろ「ツェ」と言うつもりにします。本書では（t）と表記します。

例 Example

| pet | ｜ペ(t)｜ | ペット |
| fit | ｜フィ(t)｜ | 合う |

語尾が p または k

この場合も気持ちだけ軽く発声しますが、1拍の長さで言わないようにします。「プ」ではなく「ペ」、「ク」ではなく「ケ」の口の形にして、気持ちだけで言ってください。本書では（p）や（k）と表記します。

例 Example

top	｜ト(p)｜	頂上
gap	｜ゲア(p)｜	ギャップ
book	｜ブ(k)｜	本
kick	｜キ(k)｜	蹴る

語尾が b または g

口の形だけを「b」や「g」に対応させて、ほとんど発音しないのが正解です。本書での表記は（b）や（g）となります。

例 Example

sob	｜ソ(b)｜	すすり泣き
crab	｜クレア(b)｜	カニ
big	｜ビ(g)｜	大きい
lag	｜レア(g)｜	ぐずつく

PRE LESSON 初期設定

LESSON 1 1時間目

LESSON 2 2時間目

LESSON 3 3時間目

LESSON 4 4時間目

LESSON 5 5時間目

LESSON 6 6時間目

LESSON 7 7時間目

AFTER LESSON 課外授業

語尾がd

軽く舌を打つ程度の発音になります。決して「ド」と1拍の長さで言わないようにしてください。(d)と表記します。

例 Example

good ｜グ(d)｜ 良い

sad ｜セア(d)｜ 悲しい

語尾がng

日本人の「んー」と言う時の口の形をするだけで、「ング」とは発声はしません。

例 Example

sing ｜(s)イ(ng)｜ 歌う

wrong ｜ゥロ(ng)｜ 誤った

この他、本書の表記(c)(l)(m)(n)などについても、同じ要領です。要するに、ク、ル、ム、ヌと発音しないように、軽く言う気持ちだけ、あるいは、ほぼ音を出さずに口の形をするだけでOKです。また、語尾にlがくる場合はルではなく、ウと発音します。

例 Example

picnic ｜ピ(c)｜ニ(c)｜ ピクニック

scenic ｜(s)イ｜ニ(c)｜ 眺めのよい

beautiful ｜ビュ｜テイ｜フォウ｜ 美しい

pal ｜ペアゥ｜ 仲間

ham ｜ヘア(m)｜ ハム

boom ｜ブー(m)｜ ブーム

| ten | ｜テ(n)｜ | 10 |
| pin | ｜ピ(n)｜ | ピン |

日本語にはない発音もルールが分かれば怖くない

　英語には、日本語にない発音があります。これを正しく発音できるようになると、一気に英語らしく、カッコよく聞こえるようになります。これも練習あるのみ！

「s＋母音」と「t＋母音」の場合です。

---

si

「si」のときは、「シ」ではなく「(s)イ」と発音してください。

例 Example

| sip | ｜(s)イ(p)｜ | すする |
| sick | ｜(s)イ(ck)｜ | 病気の |

---

ti または tu

「ti」は「チ」ではなく「ティ」、「tu」は「ツ」ではなく「(t)ウ」です。

例 Example

| ticket | ｜ティ｜ケ(t)｜ | 切符 |
| tuna | ｜(t)ウ｜ナ｜ | マグロ |

PRE LESSON 初期設定
LESSON 1 1時間目
LESSON 2 2時間目
LESSON 3 3時間目
LESSON 4 4時間目
LESSON 5 5時間目
LESSON 6 6時間目
LESSON 7 7時間目
AFTER LESSON 課外授業

COLUMN
英語らしい発音のためのテクニック
「n」は「ン」とは読まない

　日本語の「ン」と「n」の音の違いについて知っておきましょう。「n」が語尾に来た時、日本人はたいてい「ン」と発音しますが、実はそれは間違い。日本語の「ン」は、英語の「n」ではなくp.40で説明したように「ng」の発音とほぼ同じです（舌の先っぽを下の歯のすぐ後ろにおいて発する音です）。

　英語の「n」の発音は、「ネ」という音を出すために口と舌が準備している形をそのまま保てれば「n」の音になります（舌の前の部分が上の歯の後ろの歯茎と接触するようになっています）。

例 Example

moon（月）

　「ムーン」ではなくて、「ムー（ネ）」というつもりで、ただし「ネ」の音は言わないで口と舌だけを「ネ」を発音する準備の形で止めます。そういう発音を本書では（n）と表示します。

LET'S TRY!

子音の発音練習

［動画を見ながら発音しましょう］

glass ｜(g)ラー(s)｜ ガラス

pass ｜パー(s)｜ 通る

pet ｜ペ(t)｜ ペット

pocket ｜ポ｜ケ(t)｜ ポケット

stop ｜(s)ト(p)｜ ストップ

gallop ｜ｹﾞｱ｜ロ(p)｜ ギャロップ

book ｜ブー(k)｜ 本

spark ｜(s)パー(k)｜ 火花

good ｜グー(d)｜ 良い

solid ｜ソ｜リ(d)｜ 固体の

pub ｜パ(b)｜ パブ

grab ｜ｸﾞﾚｱ(b)｜ つかむ

jog ｜ジョ(g)｜ ゆっくり走る

sing ｜(s)イ(ng)｜ 歌う

waiting ｜ウェイ｜ティ(ng)｜ 待っている

PRE LESSON 初期設定

LESSON 1 1時間目

LESSON 2 2時間目

LESSON 3 3時間目

LESSON 4 4時間目

LESSON 5 5時間目

LESSON 6 6時間目

LESSON 7 7時間目

AFTER LESSON 課外授業

日本人が特に苦手な7つの子音も簡単に克服できる！

コツさえ分かれば簡単！ 安心して練習しよう

　英語の発音で、ここでつまずいたという人はとっても多いのですが、安心してね。簡単に克服できるコツをシェアします。

r と l

　おそらく日本人がいちばん苦手としているのがこの「r」と「l」の発音の区別でしょう。でも、実はそんなに悩むことはありません。日本人が普通に（巻き舌をしないで）「ラリルレロ」と言えば、そのまま英語の「la li lu le lo」にそっくりです。これで、「l」は安心。少し難しいのは「r」です。これを正しい発音にするための簡単なテクニックを教えましょう。

　言葉を発する前に、「ウ」を準備して、舌を上に軽く巻いて「ラリルレロ」と言ってみてください。それが「r」の音です。

例 Example

ra ゥラ	rather｜ゥラ｜(th)ア｜　むしろ
ri ゥリ	river｜ゥリ｜ヴァ｜　川
ru ゥル	ruler｜ゥル｜ラ｜　定規
re ゥレ	record｜ゥレ｜コ(d)｜　記録
ro ゥロ	rock｜ゥロ(k)｜　ロック

th と t

　次に悩むことが多いのが「th」の発音ではないでしょうか。これも、実はそんなに難しくありません。舌の先っぽを上と下の歯で軽くかんで（かむというよりは置く程度で、舌が2ミリ程度外に出る感じ）、「ダ」と軽く言えば th の音が簡単にできます。本書では (th) と表記します。

例 Example

(th)ェア	thank you｜(th)ェアン｜キュ｜　ありがとう
(th)イ	thin｜(th)イ(n)｜　薄い
(th)ア	thunder｜(th)アン｜ダ｜　雷
(th)オ	thought｜(th)オ(t)｜　思い

t の特別な発音

●tr は ch（チュ）＋ r と発音する。

例 Example

trend	｜チュレ(nd)｜　傾向
instrument	｜イ(ns)｜チュル｜メ(nt)｜　器具
chemistry	｜ケ｜ミ(s)｜チュリ｜　化学

※ちなみに dr は j（ジュ）＋ r と発音する。

例 Example

drum	｜ジュラ(m)｜　ドラム
draw	｜ジュロー｜　引く
dressing	｜ジュレ｜(s)イ(ng)｜　ドレッシング

PRE LESSON 初期設定

LESSON 1 1時間目

LESSON 2 2時間目

LESSON 3 3時間目

LESSON 4 4時間目

LESSON 5 5時間目

LESSON 6 6時間目

LESSON 7 7時間目

AFTER LESSON 課外授業

●～tionは「ショ（n）」

例 Example

nation 　　　｜ネイ｜ショ（n）｜　国

connection 　｜コ｜ネ(k)｜ショ（n）｜　関係

●～tiousは「シャ（s）」

例 Example

ambitious 　｜ェア（m）｜ビ｜シャ(s)｜　野心的な

cautious 　　｜コー｜シャ（s）｜　用心深い

●～tialは「ショゥ」

例 Example

potential 　　｜ポゥ｜テ（n）｜ショゥ｜　可能性

confidential ｜コ(n)｜フィ｜デ(n)｜ショゥ｜　機密の

f と v

　英語では「f」と「v」の発音が非常に似ています。両方とも、下唇を軽くかんでいるところから発声します。上の前歯を置く場所によって、違いをつけます。

　「v」の場合は、下唇の前の部分に前歯が半分見える程度に置いて発声すればきれいに聞こえます。

　表記は「vaヴェア／viヴィ／vuヴァ／veヴェ／voヴォ」となります。

PRE LESSON 初期設定

LESSON 1 1時間目

LESSON 2 2時間目

LESSON 3 3時間目

LESSON 4 4時間目

LESSON 5 5時間目

LESSON 6 6時間目

LESSON 7 7時間目

AFTER LESSON 課外授業

例 Example

valley	｜ヴェア｜リ｜	谷
victory	｜ヴィ(c)｜チュリ｜	勝利
vulgar	｜ヴァゥ｜ガー｜	俗悪な
very	｜ヴェ｜ゥリ｜	とても
volume	｜ヴォ｜リゥ(m)｜	体積

「f」の発音は、「v」の時の歯の位置を後ろに2～3ミリ下げれば、きれいな「f」の音になります。この時、下唇は全部、見えています。

例 Example

father	｜ファ｜(th)ア｜	父
film	｜フィゥ(m)｜	フィルム
full	｜フゥ｜	満ちた
fencing	｜フェ(n)｜(s)イ(ng)｜	フェンシング
foreigner	｜フォ｜ゥレ｜ナ｜	外国人

お疲れさま、よくここまで頑張りましたね！

このレッスンの締めくくりとして、カタカナ語を英語らしく発音する練習を用意しました。語尾と語中にある子音の発音に注意して練習してください。50語以上ありますが動画を見てその通りに真似をするというのを3回以上（できれば5回！）くり返してください。そうするとだんだんモーラで発音するクセが抜けて、英語っぽい発音ができるようになってきます。アクセントなどはあまり気にしなくて大丈夫。まずは、ここで手を抜かないことが、とても大切です。

LET'S TRY!

英語の発音が10倍よくなる発声練習

［ネイティブみたいに発音できる！］

モーラ	音節	音節読み
5	**2**	**2**
｜ア｜ー｜ティ｜ス｜ト｜	｜AR｜TIST｜	｜アー｜ティ(st)｜
7	**2**	**2**
｜ア｜イ｜ス｜ク｜リ｜ー｜ム｜	｜ICE｜CREAM｜	｜アイ(s)｜クリー(m)｜
6	**2**	**2**
｜ア｜ウ｜ト｜レ｜ッ｜ト｜	｜OUT｜LET｜	｜アウ(t)｜レ(t)｜
4	**2**	**2**
｜ア｜ク｜ショ｜ン｜	｜AC｜TION｜	｜ェア(c)｜ショ(n)｜
5	**2**	**2**
｜ア｜ク｜セ｜ン｜ト｜	｜AC｜CENT｜	｜ェア(c)｜セ(nt)｜
6	**3**	**3**
｜ア｜ク｜ロ｜バ｜ッ｜ト｜	｜A｜CRO｜BAT｜	｜ェア｜クロ｜ベア(t)｜
5	**2**	**2**
｜ア｜ド｜バ｜イ｜ス｜	｜AD｜VICE｜	｜ェア(d)｜ヴァイ(s)｜

8	3	3
|イ|ン|ス|ト|ラ|ク|タ|ー|	| INS | TRUC | TOR |	|イ(ns)|チュラ(c)|タ|

6	3	3
|エ|ア|ロ|ビ|ク|ス|	| AE | RO | BICS |	|ェア|ゥロ|ビ(cs)|

5	3	3
|エ|メ|ラ|ル|ド|	| E | ME | RALD |	|エ|メ|ゥロウ(d)|

6	2	2
|オ|ー|ト|ミ|ー|ル|	| OAT | MEAL |	|オウ(t)|ミーウ|

6	4	4
|オ|ペ|レ|ー|タ|ー|	| O | PE | RA | TOR |	|オ|ペ|ゥレー|タ|

5	3	3
|カ|ー|ニ|バ|ル|	| CAR | NI | VAL |	|カ|ニ|ヴォウ|

4	3	3
|カ|ラ|フ|ル|	| CO | LOR | FUL |	|カ|ラ|フォウ|

7	2	2
|ク|ラ|イ|マ|ッ|ク|ス|	| CLI | MAX |	|(k)ライ|メア(ks)|

5	2	2
|ク|ラ|シ|ッ|ク|	| CLAS | SIC |	|(k)ラ|(s)イ(k)|

PRE LESSON 初期設定

LESSON 1 1時間目

LESSON 2 2時間目

LESSON 3 3時間目

LESSON 4 4時間目

LESSON 5 5時間目

LESSON 6 6時間目

LESSON 7 7時間目

AFTER LESSON 課外授業

5	2	2
グ|ロ|ー|バ|ル	GLO|BAL	(g)ロウ|ボウ

7	4	4
コ|ピ|ー|ラ|イ|タ|ー	CO|PY|WRI|TER	コ|ピ|ゥライ|タ

4	2	2
ゴ|ル|ファ|ー	GOL|FER	ゴウ|ファ

6	2	2
コ|ン|ト|ロ|ー|ル	CON|TROL	コ(n)|チュロウ

4	2	2
サ|ン|ダ|ル	SAN|DAL	セア(n)|ドウ

6	2	2
シ|ー|ト|ベ|ル|ト	SEAT|BELT	(s)イー(t)|ベウ(t)

6	2	2
ショ|ー|ト|カ|ッ|ト	SHORT|CUT	ショ(t)|カ(t)

7	2	2
ス|ケ|ー|ト|ボ|ー|ド	SKATE|BOARD	(s)ケイ(t)|ボー(d)

8	2	2
ス|ク|リ|ー|ン|ショ|ッ|ト	SCREEN|SHOT	(s)クリー(n)|ショ(t)

6	2	2
｜ス｜タ｜ン｜ダ｜ー｜ド｜	｜STAN｜DARD｜	｜(s)テア(n)｜ダ(d)｜

5	1	1
｜ス｜ト｜ラ｜イ｜ク｜	｜STRIKE｜	｜(s)チュライ(k)｜

4	2	2
｜ス｜ぺ｜シャ｜ル｜	｜SPE｜CIAL｜	｜(s)ぺ｜ショウ｜

7	2	2
｜ス｜ポ｜ッ｜ト｜ラ｜イ｜ト｜	｜SPOT｜LIGHT｜	｜(s)ポ(t)｜ライ(t)｜

6	2	2
｜ダ｜イ｜ヤ｜モ｜ン｜ド｜	｜DIA｜MOND｜	｜ダイア｜マ(nd)｜

5	3	3
｜チョ｜コ｜レ｜ー｜ト｜	｜CHO｜CO｜LATE｜	｜チョ｜コ｜レ(t)｜

4	2	2
｜テ｜ー｜ブ｜ル｜	｜TA｜BLE｜	｜テイ｜ボウ｜

4	1	1
｜テ｜キ｜ス｜ト｜	｜TEXT｜	｜テ(kst)｜

5	2	2
｜デ｜ラ｜ッ｜ク｜ス｜	｜DE｜LUXE｜	｜ディ｜ラ(ks)｜

PRE LESSON 初期設定

LESSON 1 1時間目

LESSON 2 2時間目

LESSON 3 3時間目

LESSON 4 4時間目

LESSON 5 5時間目

LESSON 6 6時間目

LESSON 7 7時間目

AFTER LESSON 課外授業

7	3	3
｜ト｜ラ｜イ｜ア｜ン｜グ｜ル｜	｜TRI｜AN｜GLE｜	｜チュライ｜ェア(n)｜ゴウ｜

6	3	3
｜ド｜ラ｜マ｜チ｜ッ｜ク｜	｜DRA｜MA｜TIC｜	｜ジュレア｜メア｜ティ(c)｜

6	2	2
｜ト｜レ｜ー｜ニ｜ン｜グ｜	｜TRAI｜NING｜	｜チュレイ｜ニ(ng)｜

6	2	2
｜ド｜レ｜ッ｜シ｜ン｜グ｜	｜DRES｜SING｜	｜ジュレ｜(s)イ(ng)｜

7	2	2
｜ト｜リ｜ー｜ト｜メ｜ン｜ト｜	｜TREAT｜MENT｜	｜チュリー(t)｜メ(nt)｜

4	3	3
｜ナ｜チュ｜ラ｜ル｜	｜NA｜TU｜RAL｜	｜ネア｜チャ｜ゥロウ｜

6	2	2
｜バ｜ッ｜ク｜パ｜ッ｜ク｜	｜BACK｜PACK｜	｜ベア(k)｜ペア(k)｜

4	2	2
｜バ｜イ｜ブ｜ル｜	｜BI｜BLE｜	｜バイ｜ボウ｜

6	3	3
｜バ｜イ｜リ｜ン｜ガ｜ル｜	｜BI｜LIN｜GUAL｜	｜バイ｜リン｜グウォウ｜

8	3	3
|バ|ス|ケ|ッ|ト|ボ|ー|ル|	|BAS|KET|BALL|	|バ(s)|ケ|ボウ|

6	2	2
|ホ|ッ|ト|ド|ッ|グ|	|HOT|DOG|	|ホ(t)|ド(g)|

5	3	3
|マ|ネ|ー|ジャ|ー|	|MA|NA|GER|	|メア|ネイ|ジャ|

4	3	3
|ミ|ネ|ラ|ル|	|MI|NE|RAL|	|ミ|ナ|ゥロウ|

5	2	2
|ヨ|ー|グ|ル|ト|	|YO|GURT|	|ヨウ|グエ(t)|

6	2	2
|ラ|ッ|プ|ト|ッ|プ|	|LAP|TOP|	|レア(p)|ト(p)|

5	2	2
|ラ|ン|キ|ン|グ|	|RAN|KING|	|ゥレアン|キ(ng)|

4	2	2
|ロ|ケ|ッ|ト|	|ROC|KET|	|ゥロ|ケ(t)|

5	3	3
|リ|バ|イ|バ|ル|	|RE|VI|VAL|	|ゥリ|ヴァイ|ヴォウ|

PRE LESSON 初期設定
LESSON 1 1時間目
LESSON 2 2時間目
LESSON 3 3時間目
LESSON 4 4時間目
LESSON 5 5時間目
LESSON 6 6時間目
LESSON 7 7時間目
AFTER LESSON 課外授業

LESSON 2

第2時間目

短文が
ネイティブみたいに
話せる!

CONTENTS

Getting used to the change will change you forever.

Davy Lau

変化に慣れたらあなたも変われる

デイヴィ・ラウ
(この本の著者)

LESSON **2**

「イソケ」って何？
日本人が苦手な発音ルール

Davy
1時間目のレッスンの内容はすべてマスターできましたか？　復習もバッチリですか？　発音が、ずいぶん英語らしくなったでしょう？

音節に区切って発音するのがすごく楽しくて、街を歩いていてもついつい目に入る英語の看板などを読み上げたくなるんです。｜CHO｜CO｜LATE｜SHOP｜とか｜NEW｜WORLD｜とか……。

ケイコ

カタカナ英語を使うなんてカタコトみたいで恥ずかしいと思ったけど、「モーラ読み」を「音節読み」に変えるだけで、いきなり、ネイティブみたいに発音できるのがカッコよくて気持ちいいです。

サトシ

Davy
それはよかった！　その調子でどんどん進んでくださいね。自分でちゃんと発音できない言葉は聞き取れませんから、ここで、英語の発音の仕方を体得することで、聞き取りも飛躍的に上達しますよ。一番大事なところだから、焦らずにやってね。

PRE LESSON 初期設定

LESSON 1 1時間目

LESSON 2 2時間目

LESSON 3 3時間目

LESSON 4 4時間目

LESSON 5 5時間目

LESSON 6 6時間目

LESSON 7 7時間目

AFTER LESSON 課外授業

というわけで、2時間目も発音をブラッシュアップ。ケイコさんや、サトシくんは、相手が簡単な英語を言っているのに聞き取れないってことありませんか?

あります、あります! 単語は何とか聞き取れても、短い文になった途端に。「イソケー、て何?」と思ったら「It's OK」だったとか。

サトシ

「リエゾン」ですね。日本語にはないから日本人は苦手ですね。でもそれも、いくつか簡単なルールを覚えると格段に聞き取りやすくなるよ。

あと発音と言えば、学生時代、アクセントを必死で暗記したけど、あれは覚えなくていいんですか?

ケイコ

実は、アクセントも簡単なルールを覚えておけば9割がたOK。暗記する必要はないよ。英語って、すべて理解しなくても、ポイントだけおさえれば「通じる」し、「聞こえる」し、「会話を楽しめる」んです! この本ではそのポイントとコツだけを教えるよ。では2時間目のスタート!

リエゾン（連結音）が分かれば 英語がみるみる聞こえ出す！

「イソケ」「ウォサペニ」って何！？

　英語ネイティブの人と会話をしていて、聞き取りにくい理由の１つが、このリエゾンです。前章でもお伝えしたように、日本語は「拍」を意識して話すので、音と音がつながることがあまりありません。

　しかし、**英語は、隣の音とつながることで、本来の単語の切れ目がなくなってしまったり、音が消えてしまったり、あるいはスペルとは別の音のように聞こえたりすることがあります。**
　また日本人は学校で教わる英語でも、単語ごとにしっかりと切った発音を習っているので、音が連結した時には、簡単な英文であっても、何を言っているのか分からなくなってしまうのです。たとえば、
「｜イ｜ソ｜ケ｜」

　こんなふうに聞こえてきた時に、元の英文が分かりますか？
　正解は It's okay.（大丈夫だよ）です。

例 Example

It's okay.　｜It｜'s o｜kay.｜　｜イ｜ソ｜ケ｜

PRE LESSON　初期設定

LESSON 1　1時間目

LESSON 2　2時間目

LESSON 3　3時間目

LESSON 4　4時間目

LESSON 5　5時間目

LESSON 6　6時間目

LESSON 7　7時間目

AFTER LESSON　課外授業

前の単語が子音で終わっていて、次に来る単語の最初が母音である場合、たいていリエゾンが発生します。

It's Okay.の場合「s」で終わる単語の後に、次の単語の最初の文字が「o」なので「s + o = so」という連結音ができて発音は「ソ」になります。「s ＋母音」の他の例も見ておきましょう。

例 Example

That's amazing！
それは、すごい！

| That | 's a | ma | zing！ |
| (th)ェア(t) | サ | メイ | (z)イ(ng) |

What's up?
調子はどう？

| What | 's up? |
| ウォ | サ(p) |

What's happening?
どうしましたか？

| What | 's hap | pe | ning? |
| ウォ | サ | ペ | ニ(ng) |

＊「s + h ＋母音」の時もリエゾンが発生します。（P.62 の COLUMN をご参照）。

まさか「ウォサペニ」が「What's happening?」だなんて、リエゾンを知らなければ想像もできませんよね。単語の切れ目が分からなくなると、中学英語レベルの簡単な短文でさえ聞き取れなくなってしまいます。上記のように、**be 動詞である is（'s）の後に、母音が来て、音がつながる例はとても多いので、s と母音がつながると意**識しておくだけで、聞き取り力は劇的にアップします。

「ta/ti/tu/te/to」は「ラ/リ/ル/レ/ロ」？

　もう１つ、よく使う言葉で、日本人が苦手な連結音があります。英語を聞いていると、ゲラとかワラとかゴリとか……なぜだか「ラリルレロ」がよく聞こえてきますよね。たとえば、こんな感じです。

例 Example

Got it. 　|Go|t it.|　　　|ゴ|リ(t)|　　**了解**

「t」で終わる単語の後に「i」で始まる単語が来たので「t＋i＝ti」という連結音ができて、これは「リ」と発音します。

「t」の連結音ができる時には、「ta/ti/tu/te/to」は、日本語の「ラ/リ/ル/レ/ロ」と似た音になります。これも知らないと絶対に聞き取れませんよね。でも、もうこれからは大丈夫！「t＋母音」がつながっていたら「ラ/リ/ル/レ/ロ」に近い音で発音しましょう。自分自身が発音できるようになれば、耳は勝手に聞き取ってくれるようになります。ただし、「ta/ti/tu/te/to」を「タ/(t)イ/(t)ウ/テ/ト」と発音する人もいるので、要注意。

例 Example

What a nice day!
なんて、いい日だ！

|Wha|t a|nice|day!|
|ウォ|ラ|ナイ(s)|デイ|

Take it easy.
落ち着いて。

|Ta|ke i|t ea|sy|
|テイ|キ|リ|(s)イ|

Wait a second.
ちょっと待って。
| Wai | t a | se | cond |
| ウェイ | ラ | セ | カ(nd) |

What's it all about?
それはどういうこと？
| What' | s i | t al | la | bout |
| ウォ(t) | (s)イ | ロ | ラ | バウ(t) |

　他にはこんな例もあります。

Let's shop around.
買い物をしましょう。
| Let's | sho | p a | round |
| レッツ | ショ | パ | ラウ(nd) |

Take a look.
見てみて。
| Ta | ke a | look |
| テイ | カ | ル(k) |

Catch you later.
またね。
| Cat | ch you | la | ter |
| ｹア | チャ | レイ | タ |

COLUMN
単語が母音で始まらなくても、 つながって発音することがある

リエゾンは、次の単語が母音で始まる時に、その前の音と連結する場合が多いのですが、単語が母音で始まらなくても連結して聞こえる場合もあります。前述の「ウォサペニ」がその1例です。

(k)、(p)、(s)、(t) で終わる単語の後に、h、l、r、w、y で始まる単語が来た時によく起こります。

例 Example

May God bless you.
神のご加護がありますように。

| May | God | bles | s you |
| メイ | ゴ(d) | (b)レ | (s)ユ |

Look what you've done.
あなたがしたことを見なさい。

| Loo | k wha | t you've | done |
| ル | (k)ワ | チュ(v) | ダ(n) |

He works harder than anybody.
彼は誰よりも一生懸命働いています。

| He | work | s har | der | than | a | ny | bo | dy |
| ヒ | ウ(ウ)ェ(k) | (s)ハー | ダ | (th)ェア(n) | ェア | ニ | ボ | ディ |

I respect him a lot for that.
そのために、私は彼をとても尊敬しています。

| I | res | pec | t him | a | lot | for | that |
| アイ | ゥリ(s) | ペ(c) | (t)イ(m) | ア | ロ(t) | フォ |

（th）ェア（t）｜

I like watching the daily news on BBC.
私はBBCで毎日のニュースを見るのが好きです。

｜ I ｜ li ｜ ke wat ｜ ching ｜ the ｜ dai ｜ ly ｜ new ｜ s on ｜
BBC ｜
｜ アイ ｜ ライ ｜ （k）ワ（t）｜ チ（ng）｜（th）ア ｜ デイ ｜ リ ｜
ニュー ｜（s）オ（n）｜ BBC ｜

When did you come to Singapore?
シンガポールに来たのはいつですか？

｜ When ｜ di ｜ d you ｜ come ｜ to ｜ Sin ｜ ga ｜ pore ｜
｜ ウェ（n）｜ ディ ｜ ジュ ｜ カ（m）｜（t）ウ ｜（s）イン ｜ ガ ｜ ポア ｜

I'm not really a big fan of raw fish.
私は生の魚（刺身）がそんなに好きではありません。

｜ I'm ｜ no ｜ t real ｜ ly ｜ a ｜ big ｜ fa ｜ n of ｜ raw ｜ fish ｜
｜ アイ（m）｜ ノ ｜ チュリー ｜ リ ｜ ア ｜ ビ（g）｜ フェア ｜ ノ（f）
｜ ゥロー ｜ フィ（sh）｜

　ただし、これらについては必ずそう発音しなければならないということはないので、自分が話す時には気にしなくても大丈夫。英語はこんな風につながることがある、と思って聞いているうちに自然に「聞き取れる」ようになり、「使える」ようにもなります。

PRE LESSON 初期設定 PRE LESSON

LESSON 1 時間目 LESSON 1

LESSON 2 時間目 LESSON 2

LESSON 3 時間目 LESSON 3

LESSON 4 時間目 LESSON 4

LESSON 5 時間目 LESSON 5

LESSON 6 時間目 LESSON 6

LESSON 7 時間目 LESSON 7

AFTER LESSON 課外授業 AFTER LESSON

英語の母音の発音は、ローマ字読みでは通じない

「A・I・U・E・O」は「アイウエオ」ではない!?

リエゾンのところで、子音と母音がつながることで「It's Okay」が「イソケ」になったり「Got it」が「ゴリ」になったりする例を説明しました。この音の変化に慣れることで急激に英語力はアップします。

そろそろみなさんもはっきりと気づき始めたと思いますが、当然のことながら日本語と英語はまったく別の言語であり、発音もまったく違うわけです。

ところが日本人にはローマ字読みの文化があり（教育の賜物なのですが）、英語の単語のつづりを見たときに「A」は「ア」、「E」は「エ」、「I」は「イ」、「O」は「オ」、「U」は「ウ」と発音してしまいがちなのです。

しかし、実際には、それぞれの英語の母音には2通り（または、Uのように3通り）の発音があります。（さらに言えば、ほんの少し例外もあります）。さらに、AEIOUが組み合わさって新しい母音ができることもあります。

発音の練習ばかりが続いてうんざりするかもしれませんが、母音

と言えばアイウエオという「思い込み」を少しずつ、取り除いて、正しい「音」を発音できるようにしていくのが、聞こえるためにも近道です。ここは、努力のしがいがあるところです！

まずは基本の「A／E／I／O／U」から始めましょう

まずは、日本語の母音でもある「A／E／I／O／U」の発音の仕方をおさらいしましょう。ローマ字読みと重なるだけに、日本語風の発音になりがちです。それぞれの母音の後に、何がつくかで読み方が変わりますので、そのルールを押さえましょう（例外もあります）。

A 「ェア」と「エイ」

●aの後ろに子音１つまたは２つがついた時→「ェア」と発音

例 Example

dad	｜デア(d)｜	お父さん
gap	｜ゲア(p)｜	ギャップ
hat	｜ヘア(t)｜	帽子
back	｜ベア(k)｜	背中

●aの後ろに子音１つ＋eがついた時→「エイ」と発音

例 Example

game	｜ゲイ(m)｜	試合
place	｜(p)レイ(s)｜	場所
take	｜テイ(k)｜	取る
dictate	｜ディ(c)｜テイ(t)｜	口述する

PRE LESSON 初期設定

LESSON 1 1時間目

LESSON 2 2時間目

LESSON 3 3時間目

LESSON 4 4時間目

LESSON 5 5時間目

LESSON 6 6時間目

LESSON 7 7時間目

AFTER LESSON 課外授業

E 「エ」と「イー」

●eの後ろに子音1つまたは2つがついた時→「エ」と発音

例 Example

bed	｜ベ(d)｜	ベッド
pet	｜ペ(t)｜	ペット
forget	｜フォゲ(t)｜	忘れる
deck	｜デ(k)｜	甲板

●eの後ろに子音1つ＋eがついたとき→「イー」と発音

例 Example

here	｜ヒーア｜	ここ
complete	｜コ(m)｜(p)リー(t)｜	完成する
Pete	｜ピー(t)｜	Peter(名前)の愛称

I 「イ」と「アイ」

●iの後ろに子音1つまたは2つがついた時→「イ」と発音

例 Example

bid	｜ビ(d)｜	入札
fit	｜フィ(t)｜	合う
rim	｜ゥリ(m)｜	ふち、へり
little	｜リ｜ロゥ｜	小さな

●iの後ろに子音1つ＋eがついた時→「アイ」と発音

例 Example

| fire | ｜ファイア｜ | 火 |

bite	｜バイ(t)｜	噛む
line	｜ライ(n)｜	線
despite	｜ディ(s)｜パイ(t)｜	にもかかわらず
smile	｜(s)マイゥ｜	ほほえむ

※ただし、以下のような例外があります。

例 Example

native	｜ネイ｜ティ(v)｜	生まれながらの
positive	｜ポ｜(s)イ｜ティ(v)｜	積極的な
forgive	｜フォ｜ギ(v)｜	許す

O 「オ」と「オゥ」

●oの後ろに子音1つまたは2つがついた時→「オ」と発音

例 Example

rod	｜ゥロ(d)｜	杖
bottle	｜ボ｜ロゥ｜	ビン
story	｜(s)ト｜ゥリ｜	物語
lottery	｜ロ｜ラ｜ゥリ｜	宝くじ

●oの後ろに子音1つ＋eがついたとき→「オゥ」と発音

例 Example

nose	｜ノゥ(s)｜	鼻
hope	｜ホゥ(p)｜	希望
probe	｜(p)ゥロゥ(b)｜	調査
cove	｜コゥ(v)｜	入り江
drove	｜ジュゥロゥ(v)｜	運転した

初期設定 PRE LESSON

1時間目 LESSON 1

2時間目 LESSON 2

3時間目 LESSON 3

4時間目 LESSON 4

5時間目 LESSON 5

6時間目 LESSON 6

7時間目 LESSON 7

課外授業 AFTER LESSON

※ただし以下のような例外があります。

love　　　　｜ラ(v)｜　　愛

dove　　　　｜ダ(v)｜　　鳩

COLUMN
「今日は暑い」のhotは
アメリカでは「ハ(t)」

　O＋子音は「オ」だと説明しましたが、イギリス英語とアメリカ英語では「O」の発音が違います。その違いを知った上で、好きなほうを使ってください。どちらがよいということはありませんが、聞き取りには大事なので、両方とも覚えておく必要があります。

例 Example

It's hot today!　今日は暑い！

イギリス英語　｜イ(ts)｜ホ(t)｜トゥ｜ディ｜

アメリカ英語　｜イ(ts)｜ハ(t)｜トゥ｜ディ｜

I like rock music.　私はロックが好き。

イギリス英語　｜アイ｜ライ(k)｜ロ(k)｜ミュ｜(s)イ(k)｜

アメリカ英語　｜アイ｜ライ(k)｜ラ(k)｜ミュ｜(s)イ(k)｜

　O＝オだと思いこんでいると、このように簡単な単語でも聞き取れないことがあります。これまで「耳から入る英語」が聞き取れなかった人は、こういう違いがあることを知っておくだけで「ピン！」とくるようになれるかもしれません。

U 「ア」と「ウ」と「ユ」

●uの後ろに子音1つまたは2つがついた時→「ア」と発音

例 Example

cup	｜カ(p)｜	カップ
nut	｜ナ(t)｜	ナッツ
huddle	｜ハ｜ドゥ｜	群がる

●uの後ろに子音1つ＋eがついた時→「ウ」と発音

例 Example

rude	｜ゥル(d)｜	失礼な
flute	｜(f)ル(t)｜	フルート
salute	｜サ｜ル(t)｜	挨拶する

●uの後ろにsまたはc、＋eがついた時→「ユ」と発音

例 Example

abuse	｜ア｜ビュー(s)｜	乱用する
produce	｜プロゥ｜デュー(s)｜	製造する
excuse	｜エ(ks)｜キュー(s)｜	言い訳

＊ただし以下のような例外があります。

| deluxe | ｜ディ｜ラ(ks)｜ | 豪華な |

「A／E／I／O／U」以外の母音の発音ルール

Y 「アイ」と「イー」

●動詞で、単語の最後にyがついた時→「アイ」と発音

`例 Example`

verify	｜ヴェ｜ゥリ｜ファイ｜	確かめる
unify	｜ユ｜ニ｜ファイ｜	統一する
cry	｜クライ｜	泣く
multiply	｜マゥ｜ティ｜(p)ライ｜	掛ける

●名詞または形容詞、副詞で、単語の最後にyがついた時→
「イ(ー)」と発音

`例 Example`

gravity	｜グレア｜ヴィ｜ティ｜	重大さ
unity	｜ユ｜ニ｜ティ｜	統一
pretty	｜プリ｜ティ｜	かわいい
happily	｜ヘア｜ピ｜リ｜	幸せに

※ただし以下のような例外があります。

lullaby	｜ラ｜ラ｜バィ｜	子守歌

AR／ER／OR 「アー」または「オー」

●これらが、単語の語尾にある時→「アー」と発音

`例 Example`

far	｜ファー｜	遠い

sister ｜(s)イ(s)｜ター｜ 姉（妹）

actor ｜ェア(c)｜ター｜ 俳優

●語尾ではない「OR」→「オ」と発音

sort ｜(s)オー(t)｜ 種類

●語尾ではない「ER」→下記の「IR／UR」と同じ「(ウ)エ」の発音

alert ｜ア｜(ル)エ(t)｜ 警戒して

convert ｜コ(n)｜(v)(ウ)エ(t)｜ 転換する

IR／UR 「(ウ)エ」※日本語にはない発音

●IR UR→「(ウ)エ」と発音

これは日本語にはない発音です。口を「ウ」の形にして「エ」と発音すると正しい音が出ます。

例 Example

skirt ｜(sk)(ウ)エ(t)｜ スカート

first ｜(f)(ウ)エ(st)｜ 一番目の

spur ｜(sp)(ウ)エ｜ 刺激

hurt ｜(h)(ウ)エ(t)｜ 傷つける

AL／EL／IL／OL／UL／LE
語尾に来たらすべて「オゥ」

●これらの「L」の英文字コンビが語尾にきた時→すべて「オゥ」と発音。日本人は「ル」と発音しがちなので注意してね。

例 Example

principal ｜プリン｜(s)イ｜ポゥ｜ 主要な

chapel ｜チェア｜ポゥ｜ チャペル

April ｜エイ｜プロゥ｜ 4月

pistol	｜ピ(s)｜トゥ｜	**拳銃**
beautiful	｜ビュ｜ティ｜フォゥ｜	**美しい**
able	｜エイ｜ボゥ｜	**できる**

母音が2つ続く「重母音」の発音

　最後に「重母音」を説明しましょう。英語の母音が2つ続く場合を「重母音」と呼びます。以下の組み合わせがあります。

AE	AI	AO	AU	
EA	EE	EI	EO	EU
IA	IE	IO	IU	
OA	OE	OI	OO	OU
UA	UE	UI	UO	
AY	EY	IY	OY	UY

　ここでは、よく出てくるものだけを説明しておきます。

EA ／ EE 「イ（ー）」

　ただし、日本語の「イ｜ー」のように2拍ではなく、ほんの少し伸ばす程度です。

例 Example

each	｜イー(ch)｜	それぞれ
beer	｜ビーア｜	ビール
Heat it up.	｜ヒー｜リ｜ラ(p)｜	それを加熱して。
Beat it.	｜ビー｜リ(t)｜	失せろ。

OO 「ウ（ー）」

例 Example　shoot　｜シュー(t)｜　撃つ

IO 「アイオ」

例 Example　biodata　｜バイオ｜デイ｜タ｜　生体情報

OI 「オイ」

例 Example　soil　｜ソイゥ｜　土壌

OU 「アゥ」

例 Example　outer　｜アゥ｜タ｜　外側の

AY 「エイ」

例 Example　gay　｜ゲイ｜　同性愛の

EY 「エイ」

例 Example　obey　｜オゥ｜ベイ｜　従う

OY 「オイ」

例 Example　toy　｜トイ｜　おもちゃ

UY 「アイ」

例 Example　buy　｜バイ｜　買う

アクセントは基本ルールだけで9割解決できる!

大原則は「単語は高く始めて下げていく」

　日本人はアクセントはよく勉強しているので、本書で触れなくてもいいかなとは思ったのですが、簡単に解説しておきます。実はアクセントは、1つずつ暗記しなくても、簡単なルールがあるのです。これさえ覚えておけば、9割方OK。もちろん例外はありますが、それは出てきた時に必要に応じて覚えていけばよいでしょう。

　まず大原則として**単語は「高く始めて下げていく」**と覚えましょう。音節(シラブル)が3つまでのときはだいたい最初にアクセントが来ます。

例 Example

guy	｜￣＿｜	男
pretty	｜￣｜＿｜	かわいい
wonderful	｜￣｜＿｜＿｜	素晴らしい
camera	｜￣｜＿｜＿｜	カメラ

PRE LESSON 初期設定

1時間目 LESSON 1

2時間目 LESSON 2

3時間目 LESSON 3

4時間目 LESSON 4

5時間目 LESSON 5

6時間目 LESSON 6

7時間目 LESSON 7

AFTER LESSON 課外授業

音節が4つになると3つ目にアクセント

　音節が4つ以上の単語の場合は、基本的には3つ目にアクセントが来ます。ただし、この後説明しますが、プリフィックス（接頭辞）やサフィックス（接尾辞）がついている場合は違ったルールがあります。

例 Example

cafeteria	｜_｜_｜‾｜_｜	カフェテリア
elementary	｜_｜_｜‾｜_｜	安易な
population	｜_｜_｜‾｜_｜	人口
presentation	｜_｜_｜‾｜_｜	プレゼンテーション

接頭辞（プリフィックス）のすぐ後がアクセント

　英語の単語にはprefix＝プリフィックスと呼ばれる接頭辞があります。単語の頭について、補助的な意味を添えるものです。たとえば、importantの"im"、prepareの"pre"などがそれにあたります。imは「中に」の意味、preは「前に」などの意味を含んでいます。

・接頭辞（プリフィックス）の例

a ab ad be com con de di dis e en ex im in per pre pro re res se suc sur sus to un up

　これらの接頭辞がついている単語の場合は、接頭辞の直後の音節にアクセントが来ます。

例 Example

a +～ : | _ | ‾ |　about, again, alive, asleep, award

ab +～ / ad +～ : | _ | ‾ | _ |　abnormal, advantage,
　　　　　　　　　　　　　　　adversity

be +～ : | _ | ‾ |　because, before, believe, below

com +～: | _ | ‾ |　combine, complain
　　　　　| _ | ‾ | _ |　computer

con +～ : | _ | ‾ |　control
　　　　　| _ | ‾ | _ |　condition, conductor, convenient

de +～ : | _ | ‾ |　demand, depend
　　　　　| _ | ‾ | _ |　detective, develop

en +～ : | _ | ‾ |　enforce, engage, enjoy
　　　　　| _ | ‾ | _ |　endanger

ex +～ : | _ | ‾ |　exam, exchange, expect, explode, express

im +～: | _ | ‾ |　imply
　　　　| _ | ‾ | _ |　important
　　　　| _ | ‾ | _ | _ |　impossible

in + ～ : | ＿ | ￣ | include, indeed, instead

| ＿ | ￣ | ＿ | instructor

per + ～ / pro + ～ : | ＿ | ￣ | percent, perform, perhaps, promote

re + ～ / res + ～ : | ＿ | ￣ | react, receive, remain

| ＿ | ￣ | ＿ | ＿ | reality

| ＿ | ￣ | ＿ | ＿ | responsible

se + ～ / sur + ～ : | ＿ | ￣ | secure, select, surprise, survive

to + ～: | ＿ | ￣ | toward

| ＿ | ￣ | ＿ | together, tomorrow

接尾辞（サッフィックス）の直前がアクセント

同様に、英語の単語の後について補足的な意味を加える部分を suffix ＝接尾辞と言います。

・接尾辞（サッフィックス）の例

ble cal ous able ial ian ible ical ion ious ity

この場合は、接尾辞の直前の音節にアクセントを付けます。

例 Example

～ble : | ￣ | ＿ | able, bible, noble, stable

~cal : | ‾ | _ | focal, local, vocal

~able／~ible : | ‾ | _ | _ | probable, workable, possible,
audible

~ial／ian : | ‾ | _ | special, social, martial
| _ | ‾ | _ | initial, Olympian

~ical : | ‾ | _ | _ | biblical, radical, logical, medical,
musical, chemical, typical, critical,
vertical, graphical, magical
| _ | ‾ | _ | _ | identical, electrical, biological,
historical

~ion : | ‾ | _ | nation, caution, tension, mansion
| _ | ‾ | _ | location, carnation, extension,
creation, translation

~ious : | ‾ | _ | serious, previous, precious, cautious
| _ | ‾ | _ | laborious, tenacious

~ity : | ‾ | _ | _ | purity, density, gravity, quality, sanity
| _ | ‾ | _ | _ | identity, diversity, legality
| _ | _ | ‾ | _ | _ | university, possibility

2つの同じ子音が母音の前に重なった時には

PRE LESSON 初期設定

LESSON 1 1時間目

LESSON 2 2時間目

LESSON 3 3時間目

LESSON 4 4時間目

LESSON 5 5時間目

LESSON 6 6時間目

LESSON 7 7時間目

AFTER LESSON 課外授業

そしてもう1つ、単語の中に2つの同じ子音が母音の前に重なった場合はその音節にアクセントをつけます。

例 Example

| _ | ̄ | _ | addition | _ | ̄ | apply

| _ | ̄ | _ | allowance | _ | ̄ | _ | appointment

| _ | ̄ | _ | attention | _ | ̄ | _ | _ | irregular

| _ | ̄ | _ | pollution | _ | ̄ | support

COLUMN
英語らしい発音のためのテクニック
音節の長さ

P.30で説明したように、英語には日本語のモーラのような「拍」の概念がありません。単語の中のそれぞれの音節の長さは、話す人の自由です。

ただし、重母音と普通の母音の入っている単語が隣り合っている場合は、重母音のほうを必ず少し長めに発音します。

例 Example

Heat it up 　|ヒー|リ|ラ (p)|

というふうになります。つまり、Heatの方はやや長く、itのほうはやや短くなります。

スマホで、自分の発音が正しいか確認しよう

英語学習ではITを味方につけよう

1時間目のレッスンでは音節読みの方法と子音の発音を、2時間目のレッスンではリエゾンと母音の発音をひたすら学んでいただきました。おそらくこれで、相当英語らしい発音方法が身についているはずです。

私が、聞いてチェックしてあげられればいいのですが、残念なことにそれがなかなかできません。でも大丈夫！　周りに英語を話す人がいなくても、今は、**PCやスマホを使って、自分の発音が正しいかどうかチェックする方法があるのです！**　しかも無料です！

まず、「Google 翻訳」をダウンロード！

まず、あなたのスマホに「Google 翻訳」というアプリをダウンロードしてください（以下iPhoneの場合で説明しますがアンドロイドのスマホでも同様にできます）。

アプリを開くと、一番上に「日本語⇄英語」というのが出ますから、その⇄をタップすると、「日本語から英語」に翻訳するか「英語から日本語」に翻訳するかが変えられます。自分の英語の発音をチェックする場合は、「英語⇄日本語」（左を英語、右を日本語）にします。

そして、マイクのマークをタップし、チェックしたい英単語や熟語を、発音してみてください。

たとえば、McDonaldを発音してみましょう。

もし、**正しい発音ができていれば、ちゃんとMcDonaldと文字が表示され、日本語でも「マクドナルド」と翻訳がでてきます。**

しかし、正しく発音できていなければ、違う単語が表示されたりします。

正しい発音が分からなくなった場合は

どうでしょうか？　正しくMcDonaldは表示されましたか？　逆に「マクドナルド」の正しい発音が知りたい場合は以下のようにします。

一番上の⇄をタップして「日本語⇄英語」（日本語が左、英語が右）にします。そして、マイク（声）をタップして「マクドナルド」と日本語読みで話してください。英語のMcDonaldという翻訳が出てきますので、そこのスピーカーマークを押してみてください。

英語での正しい発音を、スマホが教えてくれますよ。

Google翻訳は、単語だけでなく、短文や文章の発音がきちんとできているかも分かりますよ。もちろん、機械ですから完璧ではないですが、自分がどの程度通じる英語を話せるようになったかは分かるので、ぜひトライしてみてね！

PRE LESSON 初期設定
LESSON 1 1時間目
LESSON 2 2時間目
LESSON 3 3時間目
LESSON 4 4時間目
LESSON 5 5時間目
LESSON 6 6時間目
LESSON 7 7時間目
AFTER LESSON 課外授業

LET'S TRY!

ケイコの東京案内①

[簡単な英単語でここまで話せる！]

John Hi Keiko-san, I'm John. Thanks for picking me up. Kathy says hi !

やあケイコさん、ジョンです。お迎えありがとう。キャシーがよろしくって。

ケイコ Welcome to Tokyo. It's so nice to finally meet you. How was your flight?

東京へようこそ。やっとお会いできて嬉しいです。フライトはどうでした？

John Not that bad, but it was too bumpy to sleep.

悪くなかったです。でも、かなり揺れて眠れませんでした。

ケイコ Okay then, let me take you straight to the hotel and you can have a little rest.

じゃあ、ホテルに直行させてください、そこで少し休憩してください。

John Oh, I'd actually like a little something to eat first, if you don't mind.

ああ、もし、よければ、実は、今ちょっと何か食べたいのですが。

ケイコ Not a problem. Then how about having some *udon* ? *Udon* is a kind of Japanese noodle, and you can choose various toppings, such as *tempura* or beef.

いいですよ。では、うどんを食べませんか？ うどんは、日本の麺の一種で、天ぷら、牛肉などのトッピングが選べます。

John Sounds good.

いいですね。

ケイコ Oh, be careful. The bowl is hot. This *tempura* here is shrimp, and that one is *shiitake* mushroom.

どんぶりが熱いから気をつけて。このてんぷらはえび、そちらは椎茸です。

[John] I'm having trouble with the chopsticks as the noodles keep slipping...

麺が滑るから、箸がうまく使えない……。

[ケイコ] It's okay, don't worry. Please take your time. It's easier if you don't rush.

大丈夫。気にしないで。ゆっくりね。焦らなければ簡単ですよ。

[John] Oh, what is this?

（テーブルの上の薬味を見て）これは何ですか?

[ケイコ] This is a Japanese spice called *shichimi*. It adds spiciness and aroma. Be careful not to add too much.

それは七味という日本のスパイスです。辛味や香りをプラスします。使いすぎに気をつけて。

[John] Alright, I'll give it a try. Wow, this is good! By the way, Keiko, what are we doing later?

なるほど。使ってみよう。うわー、これはいい!　ところで、ケイコ、この後、どうしますか?

[ケイコ] Please get some rest first. Then, I'll pick you up again at around 7 for dinner. I've actually made a booking at a sushi restaurant tonight.

まず、ホテルでしばらく休んでください。7時頃にまた、夕食のために迎えにきます。今夜は寿司屋を予約しました。

[John] Great. I'm really looking forward to it.

いいですね。とても楽しみです。

PRE LESSON　初期設定

LESSON 1　1時間目

LESSON 2　2時間目

LESSON 3　3時間目

LESSON 4　4時間目

LESSON 5　5時間目

LESSON 6　6時間目

LESSON 7　7時間目

AFTER LESSON　課外授業

LESSON 3

リズムに乗れたら、
英語がたちまち
聞こえ出す!

CONTENTS

Everything has rhythm.
Everything dances.

Maya Angelou

リズムによって、すべてが踊ります。

マヤ・アンジェロウ
（アメリカの活動家、詩人、作家）

LESSON **3**

大切なのはスピードよりも「リズム」です！

Davy

ここまでのレッスンを終えて、どんな感じですか？　カタカナ英語と簡単なフレーズで英文がつくれて、リエゾンが理解できるようになったら、自分自身も英語らしく話せるようになってきたでしょう？

自分の発音に、ちょっと自信がついてきました。話せる内容は以前と同じでも、なんだか英語が一段階うまくなった気がします。でも、練習は結構大変ですね……。

ケイコ

Davy

どんなことも、身につけようと思ったら「練習」しなくちゃね。そこは真面目に取り組んでくださいね。でも、ケイコさんの発音、みるみる英語らしくなっていますよ。その調子、その調子。

でも、問題は、自分の本当のレベルよりも「英語がうまい人」だと思われて、外国人がペラペラと速いスピードでしゃべってくれること。うわーーっ、分からない、となっちゃう。

サトシ

そうそう！ Davy、正直に打ち明けると、まだ、ネイティブの人のしゃべる言葉がほとんど聞き取れません。単語や短い文だけなら、少しは耳に入ってくるようになったんだけど、ちょっと長い文になるともうお手上げ。これも、ちゃんと分かるようになれますか？ ほんとに？

ケイコ

もちろん！ ここまでは、単なるはじめの一歩。ここからのレッスンで、英語をもっともっと英語らしく話せるようになります。そして、英語を英語らしい発音とリズムで話せるようになると、英語のヒアリング力も自然と飛躍的に上達するんですよ。

Davy

「もっと英語らしく」ってどういうこと？ 考えながら話しているから、ペラペラとスピーディに話せるようになれるような気はまったくしないんだけど……。

サトシ

ペラペラなんて、そんなの無理無理……。

ケイコ

大丈夫！ 大切なのは、スピードではなく「リズム」。英語の会話には独特のリズムがあって、それをマスターすれば英語はもっと伝わるし、慣れてくれば、びっくりするくらい聞き取れるようになれますよ。ここでは英語のリズムの秘密をみなさんにお教えしましょう。

Davy

英語を話す時は
舞台役者になったつもりで！

英語では音の強弱で自分の気持ちを表す

　日本語をいつもボソボソと話す人が、英語を話す時には抑揚をつけて、別人のように話すのを見たことはありませんか？　なんだか日本語と英語では別の人格になるみたいで、英語を話し慣れてない人からするとちょっと恥ずかしい気持ちになりますよね。

　でも実は、それは英語自体の持つ特徴なのです。

　最初に、次の例文の音声を聞いてみてください。

例 Example

That's fantastic !
｜(th)ェア(ts)｜フェア(n)｜ﾃ ア(s)｜ティ(c)｜
それはすばらしい！

Let's go together.
｜レ(ts)｜ゴゥ｜(t)ゲー｜(th)ア｜　一緒に行きましょう。

See you tomorrow.
｜(s)イー｜ユ｜(t)｜モー｜ロゥ｜　また明日ね。

　それぞれの文に「**いちばん強調して発音される音**」があったことに気づいたでしょうか。そこでは、声を少し高く、大きく、しかも少し伸ばして話していましたね。

　たとえば、That's fantastic！という文では、「tas」の音を強調して、やや高い声で大きく、やや伸ばして話しています。逆に、それ以外の言葉は小さく短く話します。1つの文の中で、それぞれの音を長くしたり短くしたり、また、大きくしたり小さくしたりしながら「リズム」をつくって話しているのです。

　英語は1つひとつの文字自体は意味を持たない「表音」言語なので、音の強弱で自分の気持ちと意思を表そうとするのです。日本語では、こんなふうに話すことはありませんよね。もし話したら、ちょっとおかしい奴だと思われてしまうでしょう。ただ、演劇やドラマのセリフなどでは抑揚を大きくつけて話すことがありますね。

　英語を話すときには、舞台役者になったつもりで大げさに話すとネイティブの雰囲気に近づくことができます。

PRE LESSON 初期設定
LESSON 1 1時間目
LESSON 2 2時間目
LESSON 3 3時間目
LESSON 4 4時間目
LESSON 5 5時間目
LESSON 6 6時間目
LESSON 7 7時間目
AFTER LESSON 課外授業

リズムが分かれば、英語が聞こえる!

まずは自分がリズムに乗るべし

今回のレッスンのテーマはズバリ「英語のリズム」です。リズムをマスターすれば、まず英語らしい話し方ができるようになります。そして、**自分自身が英語らしく話せるようになると、相手が話す英語を耳が自然とキャッチしてくれるようになっていきます。**今はまだ「ほんとかな?」と思っているでしょうが、このレッスンが終わる頃には「納得!」間違いなしですよ。

最初に日本語の、つまり日本人が話すときのリズムがどうなっているかを確認しましょう。

| ま | た | あ | し | た | ね |
「タン・タン・タン・タン・タン・タン」と、
　日本語ではモーラ1つずつが、すべて同じ長さです。
　一方、英語では音節ごとに強さと長さが変わります。

例 Example

| **See** | you | to | **mor** | row |
※太字のところを少し強く長く発音
| **(s)イー** | ユ | (t) | **モー** | ロゥ |
　　ター　　　タッタッ　ター　　タッ　（←こういうリズムになります）

PRE LESSON 初期設定

LESSON 1 1時間目

LESSON 2 2時間目

LESSON 3 3時間目

LESSON 4 4時間目

LESSON 5 5時間目

LESSON 6 6時間目

LESSON 7 7時間目

AFTER LESSON 課外授業

リズムがあるだけで、いきなり英語らしくなる！

次の5つは会話の中での相槌としてとてもよく使うものです。「リズムをつけない言い方 ➡ リズムをつけた言い方」の順で録音しているので比べてみてください。

例 Example

Great! すごい！
Wonderful! 素晴らしい！
Marvelous! お見事！
Fantastic! ステキ！
Perfect! 完璧だ！

聞き比べるとよく分かりますが、リズムがない英語では、まったく相手に気持ちが伝わりません。相槌の打ち方については、P.102〜でも説明していますので、そちらも参照してください。

日本語はもともと単調な「拍」のリズムなので、日本人は英語のように抑揚のついたリズムで話すことに慣れていません。しかし、英語はリズムが大事な言葉です。ですから、恥ずかしがらずに自信をもってリズムをつけて話すことが一番大切です。

また、自分自身がリズムに乗れるようになると、相手の話すリズムのある英語が聞き取れるようになりますし、聞き取れると、さらに自分の話すリズムも上達していきます。

英語の歌を20回歌えば
どんどん「聞こえる」ように

英語の歌を何度も歌うとリズムが習得できる

日本のミュージシャンが英語で歌うのを聞いて「英語の発音がきれいだなぁ」と思ったことはありませんか。彼らはたいてい歌っているときだけでなく会話においても上手な英語を話します。日本に限らず、中国や韓国、タイ、ベトナムなどのミュージシャンも英語が上手い人が多いように感じます。

その理由は、英語の歌を通じて、リズムを使って英語と接していることが大きいと思います。

このやり方は誰にでも応用が利きます。**英語の歌を歌って、英語のリズムに慣れれば、どんどん発音がきれいになり、かつ英語が「聞こえる」ようになっていきます。**カラオケで英語の歌を歌うオジサンたち、案外きれいな英語を話せるものなんですよ。

「IMAGINE」で英語のリズムを体で覚える

さあ、まずは1曲歌ってみましょう。世界的に有名なJohn Lennonの「IMAGINE」でやり方を説明します。

①「IMAGINE」の歌詞付きの映像もしくは音楽を用意してください。

②歌が始まったら、1センテンスずつ聞いて、強調したり伸ばしたりしているところ、つまりリズムに注目します。聞き取れる音だけを拾って覚えたら、PAUSE ボタンで一時停止を。そして、自分で聞き取ったリズム通りに歌ってみましょう。リズムに従って歌詞を読んでみるだけでもいいですよ。

♪　Imagine there's no heaven. It's easy if you try

➡　"there's" と "try" は明らかに長く、"heaven" と "easy" の1音節めにアクセントがありますね（ちなみに、"It's easy" のところのリエゾンにも気づいた？）。

♪　No hell below us. Above us, only sky

➡　"hell" と "sky" は明らかに長く、"below" の2音節めの "low" と "only" の1音節めの "on" にアクセントがあって、さらに、"Above us" は弾むように短く、そしてリエゾンもあります。

♪　Imagine all the people. Living for today

➡　"Imagine" の3音節を全部弾むように短く言います。次の "all" は明らかに長く、"Living" と "today" の2音節めの "ving" と "day" も長く伸ばします。

　このような要領で全曲を通してやってみてください。

➡　この続きの歌詞を次ページに載せておきますね！

PRE LESSON 初期設定
LESSON 1 1 時間目
LESSON 2 2 時間目
LESSON 3 3 時間目
LESSON 4 4 時間目
LESSON 5 5 時間目
LESSON 6 6 時間目
LESSON 7 7 時間目
AFTER LESSON 課外授業

IMAGINE

by John Lennon

Imagine there's no countries
It isn't hard to do
Nothing to kill or die for
And no religion too
Imagine all the people
Living life in peace, yuhuh
You may say I'm a dreamer
But I'm not the only one
I hope someday you'll join us
And the world will be as one

Imagine no possessions
I wonder if you can
No need for greed or hunger
A brotherhood of man
Imagine all the people
Sharing all the world, yuhuh
You may say I'm a dreamer
But I'm not the only one
I hope someday you'll join us
And the world will live as one

　この曲を20回以上聞いたり、歌ったりすれば、英語のリズムが勝手に身につきます。同じ要領で、自分の好きな歌のリズムを分析してから、たくさん聞いたり歌ったりしてみてください。ますます英語らしさを身につけることができますよ。十八番の英語の歌をカラオケで披露する準備もできちゃうから、一石二鳥ですね。大いに楽しみながら、練習してくださいませ。

相手の英語は、「3割」分かればいい！

一言一句漏らさずに聞くなんて、誰もやっていない

英語でペラペラと話しかけられて「何を言っているのかさっぱり分からない！」と頭を抱える人は多いのですが、相手が話す長い文章をまるごとすべて聞き取る必要はありません。それは日本人同士の日本語の会話でも同じです。恋愛中の会話は別として、日常会話では、適当に聞き流しながら要点だけをつかんで対応しているのではありませんか？

先日、日経新聞のコラムで東京大学の総長経験もある小宮山宏氏が英語でのフリーディスカッションの「サバイバル術」として**相手の言っていることの「3割、分かればいい」と書いておられました。**まさに、その通りだと思います。実際、ビジネスの現場では私でも、たとえばなまりの強いインド人の英語はなかなか聞き取れないことが多いです。それでも「何が言いたいのかな」「大事なのはここだな」と何とか会話をつないで意思の疎通に成功しています。

現在の英語人口は約15億人。そのうちの4分の3は英語を母国語としないノン・ネイティブ・スピーカーです。**お互いに少しずつ違う英語を違う発音で話していますから、この要点をつかみ話を類推するスキルが非常に重要**なのです。

PRE LESSON 初期設定
LESSON 1 1時間目
LESSON 2 2時間目
LESSON 3 3時間目
LESSON 4 4時間目
LESSON 5 5時間目
LESSON 6 6時間目
LESSON 7 7時間目
AFTER LESSON 課外授業

　日本人は英語に対するコンプレックスがあるので、相手から英語で話しかけられて、それが聞き取れないと「自分の英語力が足りないせいだ」と落ち込んだり焦ったりして、そのせいでますます聞き取れなくなるという悪循環に陥ってしまいがちですね。**まずは「全部聞き取らねばならない」という"呪い"から抜け出しましょう。**

　とはいえ、じゃあ、どうやって相手の言っていることのポイントをつかめばいいのか？　大切なのは、**自然と耳に入ってくる、つまり自分が聞き取れる言葉に注目するということです。**

「点」から「線」へ想像を働かせる

　ラジオから流れてくる、初めて聞く曲。1回だけですべての歌詞を記憶することはできませんよね。でも、ラブソングなのか応援歌なのか、何となくその歌のテーマらしきものはつかめるはずです。それは、耳に残るフレーズから想像を働かせているからです。

　意味のよく分からない言語での会話の際も同じように考えましょう。全体を理解できなくても、いくつか印象に残る音やフレーズがあるはずです。その強調されたいくつかの「点」を想像力でつないで「線」にしていきます。

　簡単な例でやってみましょう。

See ……×× mor ×××

　See は「見る」「会う」という意味かな？

じゃあ "mor" は…?? この "mor" が含まれるのはどういう単語だろう？ 想像力を発揮して、何回か繰り返して聞くと "tomorrow" という単語じゃないかなと想像する事はなんとかできると思います。ここからさらに "See you tomorrow" にたどりつくのは、最初は大変だとは思いま

See you Tommorow!

すが、訓練していけば、まず「点」が聞き取れて、想像力によってだんだんと点が線になり、少しずつ長い文が聞き取れるようになっていきます。

短い文から長い文へ

では次に、最初に短い文を聞き取り、次にそれを使った文章を聞いてみましょう。聞き取れない単語があっても「点」から「線」を想像してみれば、だんだん分かるようになりますよ。

L E T'S T R Y !

点から線につなげる

[動画を見て聞き取ってみましょう。その後に、実際に発音しましょう。]

That's very kind of you.　あなたのご親切に感謝します。
Let's have a coffee break.　コーヒーブレイクをしましょう。
I didn't do it on purpose.　わざとやったのじゃないよ。

PRE LESSON 初期設定
LESSON 1 1時間目
LESSON 2 2時間目
LESSON 3 3時間目
LESSON 4 4時間目
LESSON 5 5時間目
LESSON 6 6時間目
LESSON 7 7時間目
AFTER LESSON 課外授業

Who's your favorite actress? お気に入りの女優は誰ですか?

I haven't seen you in ages. ずっと会ってなかったね。

Is this a present for me? That's very kind of you.

これは私へのプレゼント? 親切に感謝します。

We've covered a lot of topics so far. Let's have a coffee break first.

私たちはすでにいろんなテーマについて話したから、まずはコーヒーブレイクしましょう。

I'm sorry I spilled some red wine here. But I didn't do it on purpose.

ここに赤ワインをこぼしてしまってごめんなさい。でもわざとやったんじゃないんです。

You like watching Korean TV dramas, right? Who's your favorite actor?

韓国のテレビドラマが好きなんですよね。お気に入りの俳優は誰ですか?

Hey, David, you're here too. What a surprise. I haven't seen you in ages.

やぁ、デイビット、あなたもここにいたの? 驚いた。ずっと会ってなかったね。

　英語のヒアリング力を高めるためには、たくさんの英語を聞いて慣れるのがいちばんだと、これまでに多くの本などで語られてきました。それは、やっぱりその通りなのですが（語学の習得には反復練習が大事！）ここで伝授したコツを使うと、ただ聞くだけのときにくらべて何倍もの効果が出ること、間違いなしです。

長文の聞き取りは「区切り」ポイントがキモ

区切りを見つけて意味を理解する

　うまく英語を聞き取るためのもう1つのコツは、長い文を区切って聞くということです。幸いなことに、人は長い文を一気に話すことはできません。たいてい、区切って話をします。その**「区切りポイント」に注目して英語を聞けば、より耳に入ってくるようになる**でしょう。長文も区切られた短文がいくつか並んでいるだけと考えれば、より意味が取りやすくなります。

　次の例文を聞いてください。

例 Example

I met Darren yesterday. He said that he's going to get married in March. Can you guess who the girl is?
昨日ダレンに会った。彼は3月に結婚するつもりだと言った。相手の女の子って誰なんだろう？

➡一度目は耳を通り過ぎていったかもしれませんね。区切りに意識して、何度か繰り返し聞いてみてください。

　次のような区切りがあるのが聞こえてきたでしょうか。

PRE LESSON 初期設定

LESSON 1 1時間目

LESSON 2 2時間目

LESSON 3 3時間目

LESSON 4 4時間目

LESSON 5 5時間目

LESSON 6 6時間目

LESSON 7 7時間目

AFTER LESSON 課外授業

I met Darren yesterday. ｜ He said that ｜ he's going to get married in March. ｜ Can you guess ｜ who the girl is?

次の文章を聞いて下さい。

If you ask me, the best place to shop is Orchard Road. There are a number of shopping malls such as Ion, Paragon, and Ngee Ann City, which is where Takashimaya is located.
私に言わせれば、ショッピングなら、いちばんいいのはオーチャードロードです。イオン、パラゴン、高島屋が位置するニーアンシティなど、多くのショッピングモールがありますから。

➡何度か聞くと、区切りが分かりますね。

If you ask me, ｜ the best place to shop ｜ is Orchard Road. ｜ There are a number of shopping malls ｜ such as Ion, ｜ Paragon, ｜ and Ngee Ann City, ｜ which is where ｜ Takashimaya is located.

もう1つ、練習しておきましょう。

Speaking of Japanese arts and culture, instead of just reading from books, you can learn much more by actually visiting Japan. Go and see some historical attractions, shrines, as well as various museums.
日本の芸術や文化について言えば、本を読むだけでなく実際に日本

を訪れることによってより多く知ることができます。歴史的名所や神社、様々な博物館に行ってみるといいですよ。

➡これは、こんな区切りになっています。

Speaking of Japanese arts and culture, | instead of just reading from books, | you can learn much more | by actually visiting Japan. | Go and see some historical attractions, | shrines, | as well as various museums.

　最初に聞いたときは何も聞き取れなかったとしても、心配いりません。何度か繰り返し聞くうちに、区切るところが分かってくるはずです。区切りが分かってから、さらにもう一度聞いてみてください。さっきよりも、もっと聞き取れるようになっているはずです。

PRE LESSON 初期設定

LESSON 1 1時間目

LESSON 2 2時間目

LESSON 3 3時間目

LESSON 4 4時間目

LESSON 5 5時間目

LESSON 6 6時間目

LESSON 7 7時間目

AFTER LESSON 課外授業

COLUMN
どうしても聞き取れない時は?

　もちろん聞き取れない時はあります。そんな時は相手の目を見つめて、ちょっとゆっくり目にこう言いましょう。

「Pardon me...」もしくは「I beg your pardon...」

　他にも、下記のようなバリエーションがあります。

Could you repeat what you just said?
もう一度、言ったことを繰り返していただけますか?

I'm sorry, what did you say just now?
すみません、今何て言いましたか?

リズムに乗った相槌で、もっと会話を盛り上げる!

一つ覚えの相槌「Oh... yes」からの脱出

会話において「相槌」というのはとても重要です。日本人同士の場合でも、相槌の打ち方がうまい相手だと、なんとなく心地よくて会話が弾んだりしますよね。逆に、相槌がなかったり、タイミングが悪かったりすると、会話を続けるのが辛くなります。

だから会話を盛り上げる上で、<u>いいタイミングで最適な「相槌」を打つ、というのは、実は「話す」こと以上に大事なスキル</u>かもしれません。きっと皆さんも、日本語の会話であれば、自然とできていると思います。

ところが、英語での会話になると、途端に「Oh... yes」とか「I see」くらいの反応が精一杯になってしまいませんか?

これでは相手もだんだんトーンダウンしてしまいます。会話を楽しく盛り上げるために大切な相槌のテクニックを、ここできちんと身につけてしまいましょう。

相槌を打つ際に大事なのは2点

1つは、<u>会話の流れを止めないタイミングで、その場にふさわしい相槌を選ぶこと</u>。もう1つは、<u>相槌のフレーズ自体にもリズムがあることを知って、そのリズムごと覚えてしまうこと</u>です。

　相槌のタイミングやリズムが悪くて、いちいち「What…?」なんて聞き返されたら恥ずかしいし、ニュアンスの強弱を間違って下手な相槌を打ってしまうなんて事態も避けたいですよね。このレッスンでは、使いやすい相槌に絞ってご紹介します。

例 Example

シンプルな万能合いの手〜「うんうん」「だよね」「へえ」「それで?」

Uh-huh.　うんうん

And…?　それで?

You mean…　ハハーン(ふむふむ…)

ほめる・評価する〜「いいね!」「すごい!」「おめでとう」

Congrats!　おめでとう!

Awesome!　すごい!

That's cool!　カッコイイ!

Looks good／Sounds good!　良さそう!　おいしそう!

驚きを伝える〜「ほんと?」「まさか!」「ありえない!」

Really?　ほんと?

No way!　ありえない!

I can't believe it!　信じられない!

共感する〜「なるほど」「その通りだ!」

Exactly.　まさしくその通りだ

No wonder…　なるほど…

Sounds like fun.　楽しそうね

PRE LESSON 初期設定

LESSON 1 1時間目

LESSON 2 2時間目

LESSON 3 3時間目

LESSON 4 4時間目

LESSON 5 5時間目

LESSON 6 6時間目

LESSON 7 7時間目

AFTER LESSON 課外授業

相手の気持ちに寄り添う〜「どうしたの?」「気持ち分かるよ」

What's happening?　どうしたの?

I know what you mean.　分かるよ

I know how you feel.　気持ち分かるよ

You're absolutely right.　あなたはまったく正しいよ!

なぐさめや励ましを伝える〜「大丈夫?」「気にしないで」

Are you alright?　大丈夫?

Never mind.　気にするな

Take it easy.　落ち着いて

Seems like a lot of work.　大変そうね

ちょっとした疑問〜「どういう意味?」「どういうこと?」

　会話の中で、相手の言っていることにすぐに納得できない場合もありますね。そんなときにはこんなふうに聞き返すといいでしょう。

You must be kidding!　冗談でしょう!

What do you mean?　どういうこと?

What's that all about?　それ、どういうこと?

締めの相槌〜「楽しんでね!」「がんばって」

Have fun!　楽しんでね!

Go for it!　がんばってね!

Catch you later.　また後でね

LET'S TRY!

英語でカッコイイ相槌を打つ

[タイミングとリズムに注意して動画を見ましょう]

Davy Hey Keiko, what are you doing this weekend?
ケイコ、今週末は何してるの?

ケイコ My daughter has asked me to go shopping with her.
娘から買い物に誘われているの。

Davy Sounds like fun. それは楽しそうだね。

ケイコ How about you, Davy? Davy、あなたの週末の予定は?

Davy I'm currently unpacking after my house move.
僕は引っ越しの片づけがまだ途中だから。

ケイコ Wow, seems like a lot of work. それは大変ね。

(カフェで)

ケイコ What is today's cake of the day?
今日のお薦めのケーキは何ですか?

店員 There are two. This one is the premium Mont Blanc,
the other one is our usual Choux pastry cake.
2つあります。プレミアムモンブランと定番のシュークリームです。

ケイコ Wow, looks good! It's so hard to choose... Okay, I've made
up my mind! I'll go with the premium Mont Blanc.
うわ、おいしそう! 悩むなあ…。決めた! モンブランにします。

店員 Good choice! いい選択ね!

PRE LESSON 初期設定

LESSON 1 1時間目

LESSON 2 2時間目

LESSON 3 3時間目

LESSON 4 4時間目

LESSON 5 5時間目

LESSON 6 6時間目

LESSON 7 7時間目

AFTER LESSON 課外授業

LET'S TRY!

サトシのシンガポール出張①

［リズムに乗ってテンポよく！］

Alice Hey Satoshi, welcome to Singapore. How are you?
あら、サトシ、シンガポールへようこそ。元気ですか？

サトシ Thank you, Alice. I'm doing well.
ありがとう、アリス。元気です。

Alice Who are you meeting this time?
今回は、どなたと会うんですか？

サトシ I'm here to meet people in the Sales, Technical Support, and Marketing Departments. We have a trade show here next week.
営業、テクニカルサポート、マーケティング部門の人に会います。来週トレード・ショーがあるんです。

Alice Oh yes, I know about the trade show. By the way, is this the first time you're in our new office?
ああ、知っています。ところで、私たちの新しいオフィスは初めて？

サトシ Yes, It's my first time here.
はい、初めてです。

Alice Okay. Let me show you around, then.
オーケー。じゃあ、案内しましょう。

サトシ Wonderful. Thank you very much, Alice.
嬉しい。どうもありがとう、アリス。

Alice No problem. This way, please. This is the Admin Department. Okay, here's Sales. Marketing is over there, and Technical Support is next to the computer room.

いいですよ。こちらへどうぞ。ここが総務部、ここが営業部、マーケティングはあそこ、テクニカルサポートはコンピュータルームの隣です。

サトシ Oh, it's a beautiful office and very functional... Thanks again, Alice.

わあ、きれいなオフィスですね。しかもとても機能的で…。ありがとう、アリス。

Alice Don't mention it. Have a nice meeting.

どういたしまして。じゃあ、ゆっくりどうぞ。

サトシ Oh, Alice... maybe we can meet again later?

ああ、アリス…、また後で会えるよね？

Alice Maybe...

たぶん…

Davyからの 「ここに注目！」

「Maybe」を使ってやんわり願望を伝えているサトシの言葉に気づいたでしょうか？

Maybe we can meet again later?

Maybeというのはとても便利な表現。「たぶん〜」「〜かも」など断定を避けるニュアンスなので、日本人には使い勝手がよいかもね。他にも、こんな時に使えますよ！

Maybe you're right.　あなたの言う通りかもね。

Maybe it's going to rain.　雨が降るかもね。

Maybe I will come back later.　多分後で戻ります。

初期設定 PRE LESSON
1時間目 LESSON 1
2時間目 LESSON 2
3時間目 LESSON 3
4時間目 LESSON 4
5時間目 LESSON 5
6時間目 LESSON 6
7時間目 LESSON 7
課外授業 AFTER LESSON

LESSON 4

日本人の「恥の心理」
=メンタル・ブロック
を吹き飛ばす!

CONTENTS

- 日本人固有の「恥の文化」が英会話の上達を妨げている!
- ノン・ネイティブが世界標準! 日本人なまりは気にしない!
- 「語順」さえ間違わなければ英語は通じる、と自信を持つ!
- 自信を持って話すには、「準備」がいちばんの近道
- 会話のキャッチボールが続く「質問例」を用意する
- 大きな声と適切な身振り手振り。それだけで伝わる、通じる!

Shame shall be the promotion of fools.

From the Bible

恥は人を愚か者にしてしまう

聖書(箴言3：35)より

LESSON 4

日本人固有の「恥の文化」が
英会話の上達を妨げている！

Davy　ここまで来たら、もうかなり「英語らしい英語」が話せるようになって、ヒアリングも上達してきたんじゃないかな？

ケイコ　はい。えーと、部屋で1人の時には気持ちよく、自分の英語の発音にうっとりしてますけど……。

Davy　けど??

ケイコ　まだ、実際に、誰かに話すのは勇気が出ません。もし通じなかったら、カッコつけて話した分余計に恥ずかしいし、リスニングも想像はつくけど、もしも誤解だったら恥ずかしいなぁ……って。

Davy　おお、出ました、日本人の「恥の文化」！　「菊と刀」の中でルース・ベネディクトが言っていますね。"日本人は世間体や外聞といった他人の視線を気にする"と。もっと自信を持てばいいのに。

だって、自信満々で話して、間違っていたら恥ずかしいでしょう。話しかけて「ハア？」なんて顔をされても辛いし。これまでに何度もそんな目に遭ってきたので、なかなか心のハードルは超えられません……。

ケイコ

僕も、実はそれが一番、怖いです。えーと、これは、仮の話ですけど……、たとえば好きになった人に勇気を出して告白したのに、それが通じなくてポカーンとされたら恥ずかしすぎるじゃないですか。

サトシ

Davy

ハハハ。2人とも心配し過ぎですよ。そもそも、私自身も含めてみんな英語ノン・ネイティブなんだから、ネイティブのイギリス人やアメリカ人みたいに話せないのは当たり前。誰も、そんなこと気にしていないよ。

一生懸命練習しても、結局「日本人英語」みたいな言われ方するのが気になっているのですが……。

サトシ

Davy

日本人は日本人英語、インド人はインド人英語。それで、全然 OK。「なまり」はむしろウェルカム、それを恥ずかしがる必要はまったくありません。レッスンの4時間目のテーマは「日本人の恥の心理を吹っ飛ばそう」で行きましょう。

ノン・ネイティブが世界標準！
日本人なまりは気にしない！

必要とされるのは簡単で分かりやすい英語

　正確な英語を話さないと恥ずかしいと思っている人のために、世界のグローバル企業でネイティブも含め数多くの人と仕事をしてきた私が、英語をめぐる現在の状況をお話ししましょう。

　21世紀の英語には以下の特徴があります。

1　英語が母国語ではない国でも、ビジネスでは英語を主言語として使うことが多くなった。

2　発音は、イギリス英語でもアメリカ英語でもない。なまりがあっても通じればよい。

3　難しい単語や言い回しを使わず、簡単で分かりやすい言葉や言い回しで簡潔に伝えることによるコミュニケーション能力が重視される。

　P.95でもお話ししたように、今、世界の英語スピーカーのほとんどは、ノン・ネイティブであり、それが世界標準です。それぞれが少しずつなまりのある英語を話し、コミュニケーションしています。日本人は日本人なまりの英語で会話をすればいいのですが、それを「恥ずかしい」と、つい思ってしまう人のために、ある1つの事実をお話ししましょう。

PRE LESSON 初期設定

LESSON 1 1時間目

LESSON 2 2時間目

LESSON 3 3時間目

LESSON 4 4時間目

LESSON 5 5時間目

LESSON 6 6時間目

LESSON 7 7時間目

AFTER LESSON 課外授業

正確な英語よりも堂々とした態度が重要！

　かつて私がヘッドハンティング会社の社長をしていた頃の話です。日本人のCEO候補者をアメリカの大手企業に紹介するという案件がありました。候補者のA氏との事前面談では、英語で自己紹介をした後は日本語でビジネスの話をしましたが何を語るにしても堂々としていて、非常に立派なリーダーだと確信し、自信をもってクライアントであるアメリカ本社に紹介しました。A氏は、アメリカ人の社長との面接でも文法的に正しい丁寧な英語で話をしていました。

　もう1人の候補者である**B氏は、ビジネスに関してはA氏にひけをとらない、やはり立派なリーダーです。ですが、英語に関しては相当日本人なまりが残っていました**。英語を話す時も日本語のときと同じスタイル（口調）、キャラクターでどんどん話を進めていきました。

日本語なまりの英語のB氏

丁寧な英語のA氏

　結局、この２人のうち、**選ばれたのはＢ氏でした**。Ａ氏の英語は丁寧で間違いのないものでしたが、日本語で語るときには自然と出た貫禄が、英語では出なかったのです。

　それにくらべて**Ｂ氏は言葉が多少つたなくても、話すスタイルは変えていないので、面接のときに非常に貫禄が出て、相手によいインパクトを与えることができました**。その後、Ｂ氏はこの外資系の会社で大いに活躍し日本支社の社長として大成功をしました。

日本人なまりに誇りをもとう！

　この話で伝えたいのは、なまりはあってもよいし、多少言葉に自信がなくても引け目を感じることはない、ということです。英語を話す時には、とにかく通じればOK。**自分の性格やスタイルまで変える必要はありません**。多少、言葉がつたなくても、誠意をもって話せば、あなたのキャラクターや想いは、十分、相手に伝わります。でも、正確に話せないからと話さないままでは、あなたのキャラクターは誰にも理解されません。

　実際、世界で活躍しているビジネスマンの中には、わざとなまりを直さないで「自分はフランス人だから」「インド人だから」という誇りをもって堂々とふるまっている人がたくさんいます。ぜひ、彼らの態度をみならって**日本人であることに誇りをもって、世界に接して**ください。

初期設定 PRE LESSON

1時間目 LESSON 1

2時間目 LESSON 2

3時間目 LESSON 3

4時間目 LESSON 4

5時間目 LESSON 5

6時間目 LESSON 6

7時間目 LESSON 7

課外授業 AFTER LESSON

「語順」さえ間違わなければ英語は通じる、と自信を持つ！

日本人が最も間違いやすいのは「語順」

　完璧な英語を話そうとすると、心のハードルが高くなりますよね。でも、「ここさえ押さえておけば大丈夫」という点が分かっていればずいぶん安心なのではないでしょうか。

　それがズバリ「語順」です。しかも、日本人が最も間違いやすいのも語順なのです。でも、これは、仕方ありません。というのは、日本語では語順はかなり自由自在に変化をつけられるからです。

英語をもっとうまく話したいなあ。
もっとうまく話したいなあ、英語を。
うまく話したいなあ、もっと英語を。
英語をうまく話したいなあ、もっと。

　これら4つの日本語の文は、英訳するとすべて同じ文になります。

I want to speak English better.
私は英語をもっとうまく話したい。

　英語では一定の語順のルールがあって、勝手にそれぞれの単語の順番を入れ替えることはできません。また、日本語では、ほとんど

の場合、日常会話では主語は省略されますが、英語では主語を省くことはできません。もしも主語なしに動詞から始めた場合は、すべて命令文になってしまいます。**日本人は、語順を気にせずに話をする習慣があり、また、主語を省くという曖昧さにもなれているので、その要領で英語を話すと当然"変な"英語になってしまいます。**そのせいで言いたいことが理解されず、だんだん自信をなくしていってしまうのです。

　これを改善するためには、英語の語順をマスターするしかありません。大丈夫、そんなに大変ではありません。英語の文法は、みなさん、中学生時代にさんざん覚え込まされたでしょう？　ここで紹介するのは、それよりももっとシンプルなルールです。

肯定文は、必ず「S＋V＋…」で始まる

　何を述べるにしても「主語 (S)」から始める。その次には「動詞 (V)」。ただそれだけのルールです。簡単でしょう？　ただし、主語は「I (私)」だけではなく、あらゆる名詞が主語になることができます。

I am Japanese.
私は日本人です。
This cat is very beautiful.
この猫はとてもきれいだ。
Michael wants to study abroad.
マイケルは外国で勉強したい。

主語は人間や動物に限りません。

Your office is impressive!

あなたのオフィスは素敵だ！

The weather has turned bad today.

今日は天気が悪くなった。

Today is her birthday.

今日は彼女の誕生日だ。

さらに、動詞で形成するフレーズが主語になることもあります。

Eating too many snacks is unhealthy.

スナックを食べすぎるのは不健康だ。

Taking a long walk gives her inspiration for her writing.

長い時間歩くことが彼女の執筆にインスピレーションを与える。

また、文は「主語」から始めると言いましたが、「時間／場所／状況」などを表す言葉を主語の前に置く場合があります。

Yesterday, I went shopping.

昨日、私は買い物に行った。

On the train, you can see many people looking at their smartphones.

あなたは、電車で多くの人がスマホに向かっているのを見るでしょう。

In the current market situation, it is better to keep cash.

現在のマーケットの状況では、現金を持っている方がいい。

PRE LESSON 初期設定

LESSON 1 1時間目

LESSON 2 2時間目

LESSON 3 3時間目

LESSON 4 4時間目

LESSON 5 5時間目

LESSON 6 6時間目

LESSON 7 7時間目

AFTER LESSON 課外授業

　まずは「S+V+…」を頭に叩き込みましょう。そうすれば、肯定文で英語の語順を間違えることはほぼありません。これだけでは物足りなくて、さらにいろいろな形の文をつくりたい場合は、巻末の付録をご覧ください。5文型についても説明しています。

「時制」については今は考えなくてOK

　過去に真面目に英語を勉強してきた人は、次の段階は「時制」だよね、これがやっかいなんだ……と思っておられることでしょう。

　つまり、過去形、現在完了形、過去完了形といったものです。

　でも、本書のレッスンでは「時制」についての勉強は飛ばします。というのは、この本で目指しているのは、英語で楽しくコミュニケーションがとれるようになることです。**時制は多少間違っていても話が通じるので、心配いりません。**過去形や完了形を正しく使ったかどうかより、コミュニケーションのためには語順の方がずっと重要なのです。

　時制を正しく話さなきゃ！　と思うあまりに、スラスラとタイミングよく英語が出てこないくらいなら、気にしないほうがマシ。間違ったところで恥もかきません。

　といっても真面目な皆さんは「時制についてもちょっと復習したい」と思われるかもしれませんね。巻末の付録で時制についても説明しています。気になる方は、ご参照ください（後回しでいいと思いますけどね）。

自信をもって話すには、「準備」がいちばんの近道

PRE LESSON 初期設定

LESSON 1 1時間目

LESSON 2 2時間目

LESSON 3 3時間目

LESSON 4 4時間目

LESSON 5 5時間目

LESSON 6 6時間目

LESSON 7 7時間目

AFTER LESSON 課外授業

「準備」は常に最善の策である

　もうひと踏ん張りがんばって、恥の心理をふっ飛ばして自信をつけましょう。

　もしも1週間後に3分間のスピーチをしてくださいと頼まれたら、どうしますか？　**絶対に失敗したくないなら、最上の方法は「準備」と「練習」しかありませんよね。**時間をかけて原稿を書いて、鏡の前で何度も練習をして本番に備えましょう。それでも当日になったらあがってしまってドキドキすることもあるでしょうが、何の準備もなくいきなり指名されるのとは、断然結果が違います。**準備と練習は、常に「自信」の源**です。

　外国人と会話を楽しみたいと願っているなら、やはり準備が大切です。どんなことを話してみたいですか？　初対面なら、まずは互いを知り合うための自己紹介をしたいですよね。ビジネス上での出会いの場合は、仕事の話、会社の製品やサービス、業界の話などをすることになるでしょう。

　何が言いたいのか、もうお分かりですね？
　「恥」をふっ飛ばして自信に満ちた態度で英語を話すためにはそれなりの「準備」と「練習」が必要ということです。

逆に言えば、それさえ用意しておけば怖いものはないということ。**自己紹介、自分の好きなものや趣味の話、自分が会社でやっている仕事や商品の話など、いろんなパターンで英文を準備して**鏡の前で練習しておきましょう。

どんな場合にも万能な自己紹介を考える

　自分のことを知ってもらいたいなら、「名前」「出身地・国」「今どんなことをしているのか」という自分に関する情報と、最後に「あなたと仲良くなりたい」と表現する一言があればOKです。

例 Example

Hi, I'm Hiro Tanaka, and I'm Japanese, as you can guess...
みなさん、僕は田中ひろです。ご想像の通り、日本人です。

I'm from a city called Shizuoka. Do you like Japanese tea?
Shizuoka is actually most famous for our tea plantations.
僕は静岡という町の出身です。皆さんは日本茶は好きですか？
静岡はお茶の栽培で最も有名です。

I wanted to promote our tea to the world. That's why I
studied marketing at university.
お茶を世界に紹介したいので、大学ではマーケティングを勉強しました。

Well, indeed I'm doing marketing now. But in quite a different
field, though... I'm a marketing manager at DGL Computer.

今はまさにマーケティングの仕事についていますが、分野は相当違います。そう、僕はDGLコンピュータでマーケティングマネージャーをしています。

Nice to meet you all.
どうぞよろしく。

相手と距離を縮める自己紹介の10のテーマ

「こんな話がしたいなぁ」と漠然と夢見ているだけでは、いざそのときになったら焦りまくって話せない、がっかり……なんてことになってしまいます。そうならないように、自分が話したいテーマに沿った英文をあらかじめ考えておいて、何度も練習しておくことが大切です。

　相手と距離を縮めるために役に立つ自己紹介の10のテーマをあげておきます。**このテーマにそって4〜5文で話せるようにあらかじめ持ちネタを考えておくとよい**ですよ。少しユーモアがあるといいですね。これ以上長くなると飽きてしまうので4〜5文くらいで構成するのがおすすめです。

おすすめテーマ

私の家族	私の好きなスポーツ
私の会社・仕事	私の好きな食べ物
私の趣味	私の好きな映画・音楽
私の夢	私の一番印象に残った旅
私の記念日	私の尊敬する人

例 Example

仕事

I'm in charge of marketing. It involves working with the media, targeting customers online, organizing trade shows, and so on.

私はマーケティングの担当です。メディアと協力したり、オンラインでの顧客ターゲッティング、見本市の開催などが仕事です。

I love it because it gives me the chance to work with many people to get things done.

多くの人と一緒に仕事をする機会があるので、仕事が大好きです。

Marketing is one of the most important functions in business.

マーケティングは、ビジネスにおいて最も重要な機能の1つです。

趣味

I am a person with many hobbies.

私は多趣味です。

Reading, martial arts and songwriting are all activities that I love.

読書、武道、作詞作曲はすべて私が大好きなことです。

But I don't have a lot of free time to enjoy my hobbies.

でも、趣味を楽しむ暇があまりありません。

好きな食べ物

I love eating, but I'm very health-conscious.

私は食べるのが大好きですが、健康にもすごく注意しています。

Various kinds of fruits, vegetables, nuts, mushrooms and fish are all my favorite foods.

いろいろな果物、野菜、ナッツ、キノコ、魚は全部、好きです。

I'm very lucky that the foods I like most are all good for health.

私が最も好きな食べ物がすべて健康に良いのはとてもラッキーです。

10のテーマで自己紹介はカンペキ！

PRE LESSON 初期設定

LESSON 1 1時間目

LESSON 2 2時間目

LESSON 3 3時間目

LESSON 4 4時間目

LESSON 5 5時間目

LESSON 6 6時間目

LESSON 7 7時間目

AFTER LESSON 課外授業

会話のキャッチボールが続く「質問例」を用意する

コミュニケーションは質問から始まる

　自己紹介に加えて、相手への質問を準備しておくとさらに安心です。会話は一方通行のものではありません。互いに言葉をキャッチボールしあうものなので、いつでもサッと取り出せる質問を用意しておきましょう。

　とてもよく使う質問の例文です。こちらもしっかり練習しておいてくださいね。

例 Example

Where are you from?
どこからきたの？

What do you do?
何のお仕事ですか？

What hobbies do you have?
趣味はどんなことですか？

What is your favorite Japanese food?
あなたの好きな日本食はなんですか？

How do you like Japan so far?
日本はお気に入りですか？

What brought you to Japan?

何のために日本に来たのですか？

Have you been anywhere else?

他にどこに行きましたか？

Do you do any sports?

何かスポーツをやっていますか？

Where do you work?

どこで仕事をしていますか？

What do you do at work?

仕事では何をしていますか？

What do you do in your free time?

暇なときは何をやっていますか？

Have you seen any good movies lately?

最近、何かいい映画を見ましたか？

What kind of music do you like?

どんな音楽が好きですか？

What do you see yourself doing in 5 years?

あなたは5年後に何をしていると思いますか？

PRE-LESSON 初期設定

LESSON 1 1時間目

LESSON 2 2時間目

LESSON 3 3時間目

LESSON 4 4時間目

LESSON 5 5時間目

LESSON 6 6時間目

LESSON 7 7時間目

AFTER-LESSON 課外授業

COLUMN

注意！ みんなが知ってるその言い方は「ちょっと失礼」かもしれない……。

　日本人の皆さんは恥ずかしがらずにどんどん話すことが重要だと思うので、あまり細かいことは言いたくないのですが、日本人が意外に知らない、だけど知っていると、簡単に会話がスムーズになる秘密をシェアしましょう。それは、質問の仕方です。

　上の例文の中に"What brought you to Japan?"、"How do you like Japan?"といった英文がありましたね。あれ？　もっと簡単に"Why did you come to Japan?" "Do you like Japan?"でいいんじゃないの？　と思った方も多いでしょう。

　もちろん、ダメではありません。文法的に間違っていないし、中学校ではそう教わってきましたよね。ですが、実は、これらの表現は状況によっては"強すぎる"ニュアンスになります。**特に"why"で始まる質問は、少し「無礼」に聞こえる時もあります。**

　また、日本人は海外で買い物をするとき、**"I want 〜"を連発する癖があります。それも実はちょっと品がなくて、子どもが"欲しい、欲しい"と連発するのと同じイメージ**なのです。このような時は、"I would like to buy〜"と言うとスマートです。

　"Do you like 〜"はそれほどでもありませんが、やはり少しぎごちない感じを与えます。どうせなら、品のあるシャレた言い回しを使えるようになっていきましょう。

"I want to 〜"ではなく "I'd like to〜"
"Do you like Japan?" は "How do you like Japan?"

　どうしても丁寧な表現が思い出せないときのテクニックとしては、**何かを聞く前に便利なつなぎ言葉 "By the way"**（「ところで」の意。**"By the way, do you like〜?"**）をつけるという手もあります。これならだいぶん柔らかく聞こえますよ！

大きな声と適切な身振り手振り。それだけで伝わる、通じる！

今すぐできて、すごい効果！　ぜひやってみよう

　4時間目のレッスン最後の「LET'S TRY」に入る前に、英語が突然伝わるようになるとっておきの「コツ」をお教えしましょう。自信がない時や恥ずかしい時って、どうしても声が小さくなってしまいますよね。その心理を逆手にとって大きな声を出すのです。周りからも自信がありそうに見てもらえますし、何より大きな声を出す**だけで自分自身に自信がついて、恥ずかしく感じなくなる**のです。私がシンガポール国立大学のビジネススクールで教えているのは世界中から集まった多国籍の学生たちですが、みんな「これは使える！」「効果絶大だ！」と言ってくれます。

　もう1つ、日本人が英会話をしているときに、少し気になるのは不必要な身振り手振りが多すぎるということです。言葉で伝えきれない思いをジェスチャーで、という気持ちは分からないでもないですが、逆効果になっているように思います。**ボディ・ランゲージは適切に行えばコミュニケーションを助けてくれますが、話している間ずっと落ち着きなく手や頭やからだを動かしているのは、too much**です。「ここぞ！」というタイミングで適切な身振りをするのが効果的です。

128

ケイコの東京案内②

［自己紹介をして仲良くなる！］

LET'S TRY!

ケイコ Hi John, It's about 10 minutes' walk to the restaurant. Would you prefer to take a taxi?
ジョン、お店まで歩いて10分ほどですが、タクシーの方がいい？

John I'm fine with walking if you are okay with it. Wow, that's a lovely dress you're wearing.
ケイコがOKなら歩きましょう。うわあ、とても素敵なお洋服ですね。

ケイコ Oh it's a nice restaurant, so I've dressed up a little for it.
ええ、いいお店なので、ちょっとおしゃれしてきました。

John We can have a nice chat while we walk. Maybe you could tell me something about yourself?
歩きながら、おしゃべりしましょう。ケイコさんのこと、教えて下さい。

ケイコ Well, as you know, I work in the same division as Kathy. While she covers Hong Kong and China, I mainly work in the Japanese market. I'd like to cover other overseas markets too. That's why I've been trying to improve my English. What about you, John? Is this your first time in Japan?
ご存知のように、私はキャシーと同じ部門で働いています。彼女は香港と中国をカバー、私は主に日本のマーケットで働いています。他の海外マーケットもカバーしたいので、英語をうまくなりたいんです。ジョンは、日本は初めてですか？

John I once had a low-budget trip in Japan while I was a student...but during that time, all I ate were ramen and McDonald's. This will be my first time having "SUSHI", so I'm looking forward to it.

学生の頃に貧乏旅行しましたが、そのときはラーメンとマクドナルドばかり食べていました。「SUSHI」は初めてなので、楽しみです。

ケイコ When you were a student? How many years ago was that?

学生の頃？　それって何年くらい前ですか？

John About 10 years ago, and now I'm 32.... Are you around the same age as me?

10年前くらいかな、今、僕は32歳なので…。　ケイコも同じくらい？

ケイコ ......Oh, we're almost there. It's right over in that building.

……（無言）。あ、もうすぐです。あのビルの中です。

お寿司屋さんで

ケイコ Anything you don't like? For drinks, we can order tea, beer or sake.

苦手なものはない？　飲み物は、お茶、ビール、日本酒があります。

John Okay, I'll have some tea then.

OK、では僕はお茶で。

ケイコ Now, it's your turn to tell me something about yourself.

じゃ、今度はあなたのことを教えてね。

Davyからの 「ここに注目！」

ケイコは、自己紹介を短めにした後、Johnのほうに、"What about you, John?" と振っていますね。あまり長々と話さずにJohnにボールを投げているのはスマートです。逆に、Johnはあまり、スマートじゃない。どこでしょうか？　そう、ケイコに歳を間接的に聞いてしまったんです。女性に歳を聞くのは万国共通でタブーです！

PRE LESSON 初期設定

LESSON 1 1時間目

LESSON 2 2時間目

LESSON 3 3時間目

LESSON 4 4時間目

LESSON 5 5時間目

LESSON 6 6時間目

LESSON 7 7時間目

AFTER LESSON 課外授業

LESSON 5

つなぎ語の
マジックで
スラスラ話せる

CONTENTS

**Breakthroughs come from
connecting the unconnected.**

Peter Fisk

ブレークスルーはつなぐことで達成できる

ピーター・フィスク

（イギリスの思想家、作家。Genius works の創業社長。
この名言はレオナルド・ダヴィンチについて語ったもの）

LESSON 5

言いたいことがスラスラ言えて
会話が弾むマジックとは？

Davy

どうですか？ 「恥ずかしい」という心理のカベ、超えることができましたか？

日本語なまりの英語を話す CEO のほうが採用されて、世界で活躍できたという話は、すごく、印象的でした！ ビジネス英語は、特にネイティブみたいにきれいに話さないといけないと思いこんでたから。

サトシ

Davy

ノーノー。なまりのある片言でも自信をもって、自分のキャラクターを出して分かりやすく話すのが大事。ビジネス英語は、使う単語がビジネス用のものに変わるだけで、コミュニケーションの基本は日常会話と同じですよ。

私も、「恥ずかしい」という気持ちはずいぶんなくなりました。ただ、まだ自信を持つまでいけないというか……。

ケイコ

初期設定 PRE LESSON

1時間目 LESSON 1

2時間目 LESSON 2

3時間目 LESSON 3

4時間目 LESSON 4

5時間目 LESSON 5

6時間目 LESSON 6

7時間目 LESSON 7

課外授業 AFTER LESSON

なぜ、自信を持てないの？　何が不安なの？

確かにここまでのレッスンでずいぶん英語らしい発音ができるようになって、英語特有のリズムのことも分かってきたし、語順に注意して、大声で話して……とレベルアップはできているのですが、欲を言えば、もっとスラスラと話したいんです。私はビジネスで使うわけではないんですが、英語で、もっとちゃんとしたおしゃべりを自由に楽しみたいというのが最終目的なんです。

ケイコ

それは僕も同じです！　僕の場合はビジネスの場面で使うことも多くなりそうですが、それは「なまりがあっても気にしなくていい」ということに勇気づけられました。ただ、プライベートでのおしゃべりは「伝わればOK」だけじゃなくて、もう少しレベルアップしたいなぁ。気の利いた一言なんかを言って、笑わせたりもしたいし。

サトシ

Great!　そういう「欲」はとてもいいですね。お2人の願いをかなえてあげましょう。5時間目のレッスンでは、簡単な中学英語なのに、英語の達人のように自分の言いたいことが言えたり、相手との会話が弾んだりするようになれる「つなぎ語」のマジックをシェアしましょう。

Davy

「シンプルな短文」から すべては始まる

コミュニケーションは子どもに学べ

　英語ネイティブの国の子どもたちが話しているところを映画やテレビ、あるいは街角などでご覧になったことはあるでしょうか。子どもたちは、まだまだ語彙力はそれほど持っていないし、文法もよく分かっていません。それでもご両親や周りの人たちと、ちゃんとコミュニケーションが取れていて、意思の疎通にまったく問題がありません。このことは、前にも少し触れましたが、その理由を考えてみましょう。

　会話に耳を傾けているとすぐに気づくのは、**子どもたちはシンプルな短い文で話している**ということです。自分が知っている単語を使って、一生懸命に言いたいことを伝えているのです。日本人の大人たちは、これも前に言いましたが、英語圏の子どもたちよりもずっとたくさんの英単語を語彙としてすでにインプットしています。**子どもたちがやっているのと同じ方法を使えば、コミュニケーションに困ることはないはず**なのです。

　試しに、少しやってみましょう。まずは、簡単な短文から。
　おそらく、日本人が中学校１年生くらいのレベルで習う短文ですね。

PRE LESSON 初期設定

LESSON 1 1時間目

LESSON 2 2時間目

LESSON 3 3時間目

LESSON 4 4時間目

LESSON 5 5時間目

LESSON 6 6時間目

LESSON 7 7時間目

AFTER LESSON 課外授業

例 Example

I'm Japanese.　私は日本人です。

It's a rainy day today.　今日は雨です。

Michael called me last night.　マイケルが昨夜電話してきた。

I forgot to bring my wallet.　財布を持っていくのを忘れた。

John is a smart and diligent person.

ジョンはスマートで勤勉な人です。

Carol is wearing a raincoat.

キャロルはレインコートを着ています。

He woke up early in the morning.　彼は朝早く起きました。

I'm always thinking about her.

彼女のことをいつも考えています。

I've never eaten sushi before.　私は寿司を食べたことがない。

Jenny just married a British guy.

ジェニーはイギリス人男性と結婚したばかりです。

　どの文も、シンプルな構造と簡単な単語なので皆さんのレベルならすぐ理解できますよね？　言いたい内容の英単語が思いつかないときは、辞書などで調べてくださいね。知らない単語があるのは恥ずかしいことではなくて、新しい言葉を覚えるチャンスです。

　しかし、いつもこんな短い文だけではまるで子どもみたいだとバカにされるのじゃないかと心配されるかもしれませんね。大丈夫、次に「つなぎ語のマジック」をご紹介します。

　上で練習した文章をもとに、それをもう少し複雑な内容に展開するにはどうしたらよいかのコツをお教えします。

8つの「つなぎ語」で
どんどん話せる！

当たり前だが、短い文もつなげば長くなる

聞けば当たり前だと思うかもしれませんが、英語は、短い文を「つなぎ語」や「つなぎフレーズ」でつないでいけば、活き活きとした立派な大人の会話になります。結局、言いたいことを簡単な短文に分解して、それをつなげばいいのです。

つなぎ語の典型的なものには以下の8つがあります。学校でいろんな接続詞を習ったと思いますが、**まずはこの8つだけを覚えて、すぐに出てくるようにしてください。**

実は、このつなぎ語さえ覚えておけば、短文だけで、ほとんどのことは話せるのです。

つなぎ語マジック　8つの言葉

and　　or　　but

so　　because　　if

although　　when

and

I'm now studying English, **and** I'm going to take the TOEIC test.

私は今英語を勉強していて、TOEICを受けるつもりだ。

or

I must study hard to learn English, **or** I will fail the TOEIC test.

私は今英語を一生懸命勉強しなければ、TOEICで失敗するだろう。

but

I'm now studying English, **but** I'm often distracted by other things.

私は今英語を勉強しているが、しばしば別のことに気をとられる。

so

I'm now studying English, **so** I will be able to master it one day.

私は今英語を勉強しているので、いずれは英語をものにすることができるだろう。

I'm now studying English.

私は今英語を勉強しています。

because

I'm now studying English, **because** I want to enjoy English conversations overseas.

私が今英語を勉強しているのは、海外で英語での会話を楽しみたいからだ。

if

If you study English hard, you can speak English better.

一生懸命に英語を勉強すれば、英語をもっと上手に話せるようになれる。

although

Although I studied English hard, I still can't speak English well.

一生懸命に英語を勉強したけれど、まだ英語が話せない。

when

I studied English hard **when** I was a student.

学生時代、一生懸命に英語を勉強した。

PRE LESSON 初期設定

LESSON 1 1時間目

LESSON 2 2時間目

LESSON 3 3時間目

LESSON 4 4時間目

LESSON 5 5時間目

LESSON 6 6時間目

LESSON 7 7時間目

AFTER LESSON 課外授業

8つのつなぎ語の使い方

1. and = 「そして、と」（並列）

例 Example

We'll go for shopping now.

Let's have dinner after shopping.

つなぐと → We'll go for shopping now, **and** let's have dinner after that.

今から買い物に行って、そして、その後に食事をしましょう。

Michael called me last night.

Michael told me that he's sick.

つなぐと → Michael called me last night **and** told me that he's sick.

マイケルは昨夜電話をしてきて、病気だと言った。

2. or = 「あるいは、それとも〜、でないと〜」（別の提案・条件）

例 Example

Should we go out for dinner?

Should we eat at home instead?

つなぐと → Should we go out for dinner, **or** eat at home instead?

外にご飯を食べに行く？　それともうちで食べる？

命令形＋orの使い方

You must study hard.

You will fail in your exam.

つなぐと ➡ You must study hard, **or** you will fail in your exam.

一生懸命勉強しないと、試験に落ちてしまうよ。

---

3. but =「しかし」（対比・逆接）

例 Example

Andy likes to eat meat.

Andy doesn't like vegetables.

つなぐと ➡ Andy likes to eat meat, **but** he doesn't like vegetables.

アンディは肉を食べるのが好きですが、野菜は嫌いです。

I went to the cinema.

I forgot to bring my wallet.

つなぐと ➡ I went to the cinema, **but** I forgot to bring my wallet.

私は映画館に行きましたが、財布を持っていくのを忘れました。

---

4. so ～=「だから～、～なので」（理由）

例 Example

It's a rainy day today.

We are staying at home.

つなぐと ➡ It's a rainy day today, **so** we are staying at home.

今日は雨なので、私たちは家にいます。

PRE LESSON 初期設定

LESSON 1 1時間目

LESSON 2 2時間目

LESSON 3 3時間目

LESSON 4 4時間目

LESSON 5 5時間目

LESSON 6 6時間目

LESSON 7 7時間目

AFTER LESSON 課外授業

Marina Bay is the newest hot spot of Singapore.

Many tourists come to visit Marina Bay everyday.

つなぐと →Marina Bay is the newest hot spot of Singapore, **so** many tourists come to visit everyday.

マリナベイはシンガポールの最新人気スポットなので、たくさんの観光客が毎日訪れます。

命令形＋soの使い方

You must study hard.

You will pass your exam.

つなぐと → You must study hard, **so** you will pass your exam.

一生懸命勉強すれば、試験に合格するでしょう。

---

5. because～=「なぜなら～、～のために」（原因・起因）

例 Example

John got promoted to manager.

John is a smart and diligent person.

つなぐと → John got promoted to manager **because** he is a smart and diligent person.

ジョンはマネージャーに昇進しました。なぜなら、彼は賢くて勤勉だからです。

Jenny will be living in London.

Jenny has just married a British guy.

つなぐと → Jenny will be living in London **because** she has just married a British guy.

ジェニーはロンドンに住むことになるでしょう。なぜなら、彼女は
イギリス人男性と結婚したばかりだからです。

おまけ情報 以下の例文のようにasを使っても同じ意味になります。
John got promoted to manager **as** he is a smart and diligent
person.
Jenny will be living in London **as** she has just married a
British guy.

---

6. if〜=「もしも〜なら」（条件）

例 Example

Do you enjoy red wine?
Let's order a bottle of nice Bordeaux.

つなぐと → **If** you enjoy red wine, let's order a bottle of nice
Bordeaux.

もし赤ワインがお好きなら、おいしいボルドーを1本注文しましょう。

He wants to reach the office on time.
He has to wake up early in the morning.

つなぐと → **If** he wants to reach the office on time, he has to
wake up early in the morning.

もし彼が時間通りにオフィスに到着したいのなら、朝早く起きなけ
ればなりません。

　この「条件」については、ifの「もしも〜なら」の他に、「もしも〜
でなければ」と「たとえ〜でも」をバリエーションとして覚えてお

くと便利です。

unless～=「もしも～でなければ」

例 Example

It will rain tomorrow.

Let's go for a drive.

つなぐと → **Unless** it rains tomorrow, let's go for a drive.

もしも明日が雨でなければ、ドライブに行きましょう。

even if～=「たとえ～でも」

例 Example

It will rain tomorrow.

Let's go for a drive.

つなぐと → Let's go for a drive tomorrow, **even if** it rains.

たとえ明日が雨でも、ドライブに行きましょう。

---

7. Although ～=「～したが、～けれど」（逆接）

例 Example

He woke up early in the morning.

He was not able to make it on time.

つなぐと → **Although** he woke up early in the morning, he was not able to make it on time.

彼は朝早く起きましたが、時間通りにはできませんでした。

I'm always thinking about her.

We have already broken up.

つなぐと → **Although** we have already broken up, I'm always thinking about her.

僕らはすでに別れたけれど、いつも彼女のことを考えています。

---

8. When 〜＝「〜のとき、〜ながら」（時を表す）

例 Example

Don't touch the wall.

The paint is still not dry.

つなぐと → Don't touch the wall **when** the paint is still not dry.

ペンキが乾いていないときは、壁を触らないでね。

I watch morning news.

I'm eating my breakfast.

つなぐと → I watch morning news **when** I'm eating my breakfast.

私は朝ご飯を食べながら、朝刊を読みます。

「時間」に関する表現は、日常会話の中で非常によく出てきます。「この本を読み終わったら、出かけよう」「明日までに、このレポートを完成させなくてはならない」というような内容を伝えるには「時間」を表すつなぎ語をマスターしておく必要があります。

　8つのつなぎ語の中には、時間を表すものの代表として「when」を入れたわけですが、whenだけでは表現できない場合のために、下記のつなぎ語もついでに確認しておきましょう。どれも、中学英語でしっかり勉強したはずですから、眠っている英語力を掘り起こしてくださいね。

before～=「～の前に」

例 Example

I go to sleep.

I want to take a bath.

つなぐと → I want to take a bath **before** I go to sleep.

眠る前にお風呂に入りたい。

after～=「～の後で」

例 Example

I will start working on this.

I want to drink some coffee.

つなぐと → I will start working on this **after** I drink some coffee.

コーヒーを飲んだ後で、この仕事に取りかかろう。

until～=「～まで」

例 Example

I had no idea of it.

You told me.

つなぐと → **Until** you told me, I had no idea of it.

あなたが話すまで、少しも知らなかったよ。

while～=「～しながら、～している間に」

例 Example

I fell asleep.

I was reading a book.

つなぐと → I fell asleep **while** I was reading a book.

本を読んでいるうちに眠ってしまった。

once〜=「いったん〜すれば」

例 Example

You've started something.

You must achieve your goal.

つなぐと → **Once** you've started something, you must achieve your goal.

いったん始めたら、目的を達成しなければならない。

as soon as〜=「〜の時すぐに」

例 Example

I wash my hands.

I get home.

つなぐと → I wash my hands **as soon as** I get home.

帰宅したらすぐに手を洗います。

　ここでお伝えした8つのつなぎ語を的確に使えるようになれば、言いたいことのほとんどは表現できるようになるはずです。何度も練習して、自然に口から出るようになれるといいですね。

　ただ、どうしても「つなぎ語」が思い出せないときには「奥の手」があります。それは、「間」を開けることです。文章のときに「, (コンマ)」「; (セミコロン)」で文をつないだりすることがありますが、会話の場合は「間をとる」ことでその代りになります。

PRE LESSON 初期設定

1時間目 LESSON 1

2時間目 LESSON 2

3時間目 LESSON 3

4時間目 LESSON 4

5時間目 LESSON 5

6時間目 LESSON 6

7時間目 LESSON 7

課外授業 AFTER LESSON

言葉に詰まったら再起動！
6つの「つなぎフレーズ」

頭がフリーズした時もこれで安心！

英会話を楽しんでいる途中で、ちょっと頭がフリーズしてしまうこともありますよね。なんと言っていいか分からない、これ以上このテーマで話すことがない……。そんなときには便利な「つなぎフレーズ」で再起動しましょう。

自分の得意なジャンルの話題に変えたり、相手の話の中から別のポイントに注目して話を展開したり……。日本語で会話するときにも、無意識にやっていますよね。それを自然にできる「つなぎフレーズ」さえ知っておけば、会話はずっと続くのです。

例 Example

●By the way　ところで、ちなみに

Thank you for pointing me in the right direction. Oh, **by the way**, what is the name of the station I should get off at?

正しい道を教えてくれてありがとう。ああ、ちなみに、私が降りる駅の名前は何だっけ？

●Before I forget　忘れる前に（言っておくと）

Oh, **before I forget**, my sister said hi.

ああ、忘れる前に言っておくと、姉がよろしくって。

● To change the subject　話は変わるけど

To change the subject, which school did you go to?

話は変わるけど、あなたはどの学校に行ってたっけ？

● Speaking of〜　〜について言えば、

Speaking of fashion, Francis just won the Designer of the Year Award.

ファッションについて言えば、フランシスはちょうどデザイナーオブザイヤー賞を受賞しましたよ。

● Incidentally　ちなみに

Oh, **incidentally**, Jane just got an offer as a graphic artist from a mobile game company.

ああ、ちなみに、ジェーンはちょうどあるモバイルゲーム会社からグラフィックアーティストとしてのオファーを受けました。

● On an entirely different matter　まったく別の話ですが、

On an entirely different matter, we are now raising fund to rebuild our church.

まったく別の話ですが、今、私たちは教会を再建するための資金を集めています。

　他にもありますが、それについては出会ったときに「使える！」と思ったものをリストアップしていくといいでしょう。最初から欲張る必要はありません。実際、日本語で話すときも、普段の会話は同じような定型フレーズでしゃべっているんじゃありませんか。

「ほめ言葉」で「聞き上手」に なれるのは世界共通の法則

「ほめ言葉」のバリエーションを身につけよう

　3時間目のレッスンでも、タイミングよくリズムに乗った相槌の大切さをお話ししましたが、ここではさらに会話の相手を喜ばせるテクニックをお教えしましょう。

　それは、世界共通、人類共通のいわばマナーでもある、相手を「認める」「ほめる」ということです。誰だって、会話の相手から自分の話に共感してもらったりほめてもらったりしたらとても嬉しいでしょう。どんどん話を聞いてもらいたくなりますよね。

　難しい表現は必要ありません。**シンプルな1ワードから3ワード程度の「ほめ言葉」のバリエーションをマスターしておきましょう。**

　たとえば会話の中ではこんなふうに使います。

例 Example

I finally got my driver's license.
やっと運転免許を取ったよ。
Well done!
やったね！

I just got promoted to sales manager.

セールスマネージャーに**昇進**したばかりです。

That's fantastic!

それは**素晴らしい**！

Nick and Adeleine are getting married.

ニックとアデレーヌは今度結婚します。

How wonderful!

なんて**喜ばしい**！

「ほめ言葉」にもレベルがある

　単にちゃんと話を聞いているだけではなく、相手の言葉に対して心から反応していることが伝わるので「この人にもっと話をきいてもらいたい」と相手に感じてもらえます。これらの例文中の「Well done!」「That's fantastic!」「How wonderful!」が、それぞれ単なる相槌の「Uh-huh」だったらどうでしょう？　比べてみると、ほめ言葉の効果が分かるはずです。

　ほめ言葉を使いこなすためには、「どんな場面でどのフレーズを使えばいいのか」が気になります。最初のうちは、大げさすぎたり、あるいは、あまりふさわしくない言葉を選んでしまったりしないかと心配にもなるでしょう。そこで、実際に日常会話の中でよく使われているほめ言葉を、みなさんが使いやすいように大まかに３段階のレベル別に分類してみました。

PRE LESSON 初期設定 / LESSON 1 1時間目 / LESSON 2 2時間目 / LESSON 3 3時間目 / LESSON 4 4時間目 / LESSON 5 5時間目 / LESSON 6 6時間目 / LESSON 7 7時間目 / AFTER LESSON 課外授業

ほめ度別・会話が盛り上がる「ほめ言葉」リスト

　日常でよく使う「ほめ言葉」を、おおよそ3段階に分けたのが下記です。もちろん、人によっても、国によっても違いますから、おおよその目安です。「いいね！」はわりとカジュアルに使えるもの、「超すごいね！　びっくりだね！」は心の底からすごいと驚いている時に使えるもの、「すごいね！」はその中間くらいでしょうか。これらを、取りまぜながら、相手の話に反応してあげると、急に会話が生き生きとしてきますよ。

「いいね!」

Good!　いいね！

Well done!　よくやったね！

That's nice!　いいね！

Excellent!　優秀だ！

Exactly!　まさしくその通り！

Great!　すごくいいね！

Perfect!　カンペキ！

Impressive!　お見事！

「すごいね!」

Wonderful!　すごいね！

Superb!　素晴らしい！

Beautiful!　お見事！

Charming!　魅力的だ！

Fabulous! 素晴らしい！
Marvelous ありえないくらいだ！
Wow! うわ──！

「超すごいね！」「びっくりだね！」

Amazing! びっくりだ！
Remarkable! 目覚ましいね！
That's awesome! 超すごいね！
Unbelievable! 信じられない！
How lovely! すっごく好き！
That's brilliant! 天才だ！
It's out of this world! この世のものと思えない！

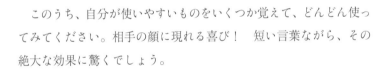

　このうち、自分が使いやすいものをいくつか覚えて、どんどん使ってみてください。相手の顔に現れる喜び！　短い言葉ながら、その絶大な効果に驚くでしょう。

「absolutely」は使い勝手のよい言葉

　さて、ここでもう1つ、知っておくと使い勝手のよい便利な単語を教えましょう。

　それは「absolutely」（まったく、絶対に、断然）という言葉です。「Absolutely!」と、単独で使う場合は「まったくだ！」というあいづちになりますが、他の形容詞の前に使う場合は「非常に」という意味で「very」に近い意味になります。先ほど紹介したほめ度の3段階では、真ん中の「すごいね！」より少し上のレベルです。やや大

初期設定 PRE LESSON

LESSON 1 1時間目

LESSON 2 2時間目

LESSON 3 3時間目

LESSON 4 4時間目

LESSON 5 5時間目

LESSON 6 6時間目

LESSON 7 7時間目

課外授業 AFTER LESSON

げさで、気持ちのこもったニュアンス、しかも洗練されていてなかなかしゃれている言い方です。日常会話でもビジネスシーンででも使えますよ。

例 Example

You're absolutely right.
あなたは絶対に正しい！
This painting is absolutely amazing.
この絵はすごく素晴らしいです。
She's absolutely gorgeous.
彼女は本当にゴージャスだなぁ。

　ぜひ、「absolutely」を会話の中で使ってみてください。コミュニケーションがさらに盛り上がります。

PRE LESSON 初期設定

LESSON 1 1時間目

LESSON 2 2時間目

LESSON 3 3時間目

LESSON 4 4時間目

LESSON 5 5時間目

LESSON 6 6時間目

LESSON 7 7時間目

AFTER LESSON 課外授業

「短文」と「つなぎ語」で世界は動いている

歴史に残る名言も、シンプルな短文とつなぎ語

　今回のレッスンで「短文＋つなぎ語」が会話の真髄であることがわかっていただけたと思います。何も難しい言葉や構文を使って、長々と話す必要はないのです。いや、前述したように、それはかえって好まれません。それよりも、**分かりやすいシンプルな言葉とフレーズで話す方が生活においてもビジネスにおいても最も有効**なのです。

　シンプルな言葉とつなぎのフレーズで、いかに立派にコミュニケーションができて、ときには能弁にもなれるのかは、歴史に残る力強い言葉を見れば一目瞭然。インパクトのある名文句で世界中の人の口に上ることも多い英文をご紹介しましょう。すべて、シンプルな短句とつなぎのフレーズで構成されています。

例 Example

Genius is 1% talent **and** 99% hard work.／Albert Einstein
天才は1％の才能と99％の努力でできている。／アルバート・アインシュタイン

You can not push anyone up the ladder **unless** he is willing to climb himself.／Andrew Carnegie
自分で登る気がない限り、誰かをはしごに押し上げることはできない。／アンドリュー・カーネギー

All our dreams can come true, **if** we have the courage to pursue them. ／Walt Disney

追い求める勇気があれば、すべての夢は叶う。／ウォルト・ディズニー

Ask, and it will be given to you; seek, **and** you will find; knock, **and** the door will be opened to you. ／The Bible (Matthew 7:7)

求めなさい、そうすれば与えられる。探しなさい、そうすれば見つかる。門をたたきなさい、そうすれば開かれる。／聖書　マタイによる福音書　7:7

Success occurs **when** opportunity meets preparation. ／Zig Ziglar

機会と準備が出会うとき、成功は待っている。／ジグ・ジグラー

My job is not to be easy on people, my job is to make them better.
／Steve Jobs

私の仕事は人をラクにすることではなく、人を良くすることです。／スティーブ・ジョブズ

We can do no great things, only small things with great love! ／Mother Teresa

大きな素晴らしいことをやろうとするより、大きな愛をもって小さなことをするべきです。／マザー・テレサ

Kind words can be short and easy to speak, **but** their echoes are truly endless.／Mother Teresa

思いのある言葉は短くて口にしやすいものですが、その響きはいつまでも心に残るものです。／マザー・テレサ

Do to others **as** you would have them do to you.／
The Bible (Luke 6:31)

人からしてほしいと思う事を、その通り人にしてあげなさい。／
聖書　ルカによる福音書　6:31

Our greatest glory is not in never falling, **but** in rising every time we fall.／Oliver Goldsmith

最高の栄光は一度も失敗しないことではなく、失敗するたびに立ち上がることにある。／オリバー・ゴールドスミス

Ask not what your country can do for you; ask what you can do for your country.／John Kennedy

祖国が自分たちに何をしてくれるかというのではなく、自分たちが祖国に何ができるのかを問うてください。／ジョン・ケネディ

Your word is a lamp to my feet **and** a light to my path.／
The Bible (Psalms 119:105)

貴方のお言葉は、つまずかないように道を照らしてくれる明かりです。
／聖書　詩篇　119:105

PRE LESSON 初期設定

LESSON 1 1時間目

LESSON 2 2時間目

LESSON 3 3時間目

LESSON 4 4時間目

LESSON 5 5時間目

LESSON 6 6時間目

LESSON 7 7時間目

AFTER LESSON 課外授業

LET'S TRY!

サトシのシンガポール出張②

[短文とつなぎ言葉でデートもOK]

Alice Hey, Satoshi, how's the trade show preparation going?

あら、サトシ、トレードショーの準備はどうですか？

サトシ Almost done. But it's not perfect yet, though...

ほとんどできたよ。でも、まだパーフェクトではないですが…。

Alice That's wonderful! Keep it up.

それはよかった！　もうひと頑張りね。

サトシ Oh, by the way, Alice, I'm thinking of looking around Singapore. Do you have some time tomorrow?

あの、ところで、アリス、シンガポールを観光したいと思っているんです。明日、少し時間ありますか？

Alice Oh, tomorrow.... Sure. I don't have any plans, and I was thinking of doing some shopping myself, too.

ああ、明日ね…。いいわよ。明日は何も予定がないから、買い物にでも行こうかなと思っていたところ。

サトシ That's great!　I'll see you tomorrow, then.

やった！　じゃあ明日会いましょう。

〈次の日〉

サトシ The weather is really nice today. Thank you for showing me around.

今日は本当に天気がいいね。いろいろ見せてくれてありがとう。

Alice Well, those are the most famous places in Singapore.

ええ、シンガポールの名所ばかりよ。

サトシ	The Merlion is my favorite, because it's so majestic.

僕はマーライオンが好きだな。格好良かったよ！

Alice	Where do you want to go next?

次はどこに行きたいですか？

サトシ	Didn't you say you wanted to do some shopping?

アリスは何か買い物がしたいって言ってなかった？

Alice	Oh I did. So, would you come along with me?

ええ、そう。じゃあ、つきあってくれる？

サトシ	Of course, most happy to.

もちろん、喜んで。

アリスが試着をしてみる。

Alice	I like the color of this dress. What do you think, Satoshi?

私、このドレスの色が好き。サトシはどう思う？

サトシ	Wow, you look gorgeous!

わあ、なんと美しい…！

Alice	Really…?

そうかしら…？

Davyからの 「ここに注目！」

上の会話で、短文と and, but, so, because などのつなぎ語だけで、ちゃんと生き生きとした大人の会話が出来るようになることが分かったと思います。さらに、つなぎ語の使い方として注目してほしいのは、"I'll see you tomorrow, then" の "then" のように、文の最初でなく、むしろ最後に置く場合もあること。yet や though も同じような使い方をすることがあります。

LESSON 6

「オウム返し」で
会話が続く!
どんどん続く!

CONTENTS

Repetition is the mother of skill.

Tony Robbins

繰り返しはスキル上達の基本

トニー・ロビンス

(アメリカの自己啓発作家。「Unlimited Power」は、
全世界で1000万部の大ベストセラーに。)

LESSON 6

問いかけられたら
どう返せばいい？

Davy

カタカナ語を使って英会話をする、というところから始めて、ここまでたった5時間のレッスンでぐんぐん「英語が話せる！」し、「聞こえる」ようになったでしょう？

この間、麻布十番を歩いていて探しているお店の場所を聞かれたときには、短い文とつなぎフレーズでうまく説明してあげられました。
Oh, I know that restaurant.
Please turn right at the next corner and walk straight.
You'll be able to find it on the left.
Have fun!

ケイコ

Davy

Oh, excellent!
素晴らしいですね。

ふふっ。喜んでもらえてすごく嬉しかった。でも、こうなると、もっともっと！　と欲が出てきました。実はその時も……。

ケイコ

ん？　何があったの？

恥ずかしながら白状すると、道を教えた後にペラペラっと何か話しかけてくれたのによく分からなくて、それには一言も返せなかったんです。そうしたら、何かを察したように「Thank you, bye」って行ってしまった……。せっかくおしゃべりを楽しむ機会だったのに、すごく残念で……。

ケイコ

分かる！　分かります!!　最初の質問くらいなら、何となく想像がつくから「点」から「線」へつなげることができるようになってきたけど、会話が進んで話題が広がってしまうと、まだまだうまくついていけないですよね。ここからが、楽しいところなのに！

サトシ

You mean...　なるほどね。日本人の多くは外国人から英語で話しかけられると無駄に緊張しちゃうからね。では、このレッスンでは、緊張しないで質問に簡単に応答できる方法を教えてあげましょう。

Davy

「オウム返し」の法則で
どんな質問が来ても大丈夫!

中学英語の英作文を思い出そう

　人の言葉をそのまま真似して返すおしゃべりな鳥、人気者のオウムを皆さんもご存じですね。英会話をスムーズに続けるために、このオウムからヒントをもらいましょう。

　まず、下記の文例を見てください。

文例1 Example 1

A : <u>Have　you</u> completed the project?　あのプロジェクトは終わった?

B : Yes, <u>I　have</u> completed the project.　はい、終わりました。

　Aさんの質問 Have you completed the project? に対して、Bさんは Yes とまず答えて、疑問形の Have you を肯定文の I have に変えるだけで completed the project はそのままリピートしています。

　もう1つ、例を挙げましょう。

PRE LESSON 初期設定

LESSON 1 1時間目

LESSON 2 2時間目

LESSON 3 3時間目

LESSON 4 4時間目

LESSON 5 5時間目

LESSON 6 6時間目

LESSON 7 7時間目

AFTER LESSON 課外授業

文例2 Example2

A: Have you had your lunch?　ランチを食べましたか？

B: Yes, I have had my lunch.　はい、食べました。

　Have you had と聞かれたところをI have had と変えて、your lunch を my lunch に変えただけで、ちゃんと答えになっています。

　文例①と②は質問が「Have you...?」で始まっていたので「はい」なら「Yes」、「いいえ」なら「No」と答えるところまでは誰でもできますよね。その後に、「Yes」の場合は主語と動詞の語順を変えて、あとは質問文をそのまま繰り返します。「No」の場合は「is not/was not/are not/do not/did not/will not」などをつければOKです。

文例3 Example3

A: What did you sing at karaoke last night?

あなたは昨夜カラオケで何を歌ったの？

B: I sang "Let It Go" at karaoke last night.

私は昨夜カラオケで「レットイットゴー」を歌いました。

　3つ目の例ではWhatと問いかけられたので、答えを曲名の"Let It Go"にしています。また、疑問形から肯定文に変えたので動詞原形のsingを過去形のsangに変えてIを主語にして答えています。それ以外はリピートです。

つまり、**質問の中に答えがすでにある**わけです。まるで中学生時代の英作文のような基本ですが、会話を続かせるためには非常に効果的な考え方です。「そんな中学1年生レベルの……」とバカにしないで、あなたの中に眠っている英語力・英語の知識を「使えるモノ」として目覚めさせていきましょう。多くの人がすでに言っていますが、中学英語ができれば、英会話は問題なくできるはずなんですよ（本来は……！）。

　もちろん慣れてきたら、リピートする部分は省いても構いません。というよりも、省いた方が自然な会話になります。ここで、**オウム返しのリピートを薦めているのは、まずは文の構成を理解してもらいたいから**です。最終的には、もっと自然な受け答えができるようになりますから、ここでは口慣らしとしてオウム返しで練習してください。

LET'S TRY!

オウム返しの練習

[動画で質問を聞いて、その後にオウム返しの法則で答えてください。]

例 Example

Did you find the handbag that you wanted?
あなたが欲しかったハンドバッグを見つけましたか？

➡ Yes, I found the handbag that I wanted.
　はい、私が欲しかったハンドバッグを見つけました。

PRE LESSON 初期設定
LESSON 1 1時間目
LESSON 2 2時間目
LESSON 3 3時間目
LESSON 4 4時間目
LESSON 5 5時間目
LESSON 6 6時間目
LESSON 7 7時間目
AFTER LESSON 課外授業

Did you go to Karuizawa in the end?
あなた達は結局、軽井沢に行ったのですか？

➡ Yes, we went to Karuizawa in the end.
はい、私達は結局、軽井沢に行きました。

　上の例のようなDo you〜？で始まり『Yes／No』での答えを求める疑問文はクローズな質問です。それに対して、次のようなHow〜で始まるものはオープンな質問です。答え方は答える人の自由に任されます。

How did you celebrate your girlfriend's birthday?
ガールフレンドの誕生日をどうお祝いしたの？

➡ We had a nice dinner at a fancy restaurant to celebrate my girlfriend's birthday.
ガールフレンドの誕生日を祝うために素敵なレストランでご飯を食べました。

How are you getting on in your new job?
あなたの新しい仕事はどうですか？

➡ I am doing well in my new job.
私は新しい仕事でうまくいっています。

　「How do you　動詞の原形〜」を使うと、答え方を相手に任せるので、Yes、Noで聞くよりも柔らかい感じになりますし、「はい、いいえ」で終わらないので、話が盛り上がります。答える時も、基本的にはオウム返しに、「どのように」という情報を付け加えるだけでOK。新しい情報の付け加え方については、次の項目で説明します。

「パラフレイズ」で
話をどんどん広げる！

新しい情報をプラスして会話に奥行きを

オウムの中にはとても賢いものがいます。私がかつて一緒に暮らしていた「バンジョ」という名のオウムは、アフリカングレーという品種で飛びぬけた知性の持ち主でした。当時、わが家は私と妻、娘たち２人の４人暮らしで、それぞれが違う言葉でバンジョに話しかけます。娘たちは英語、妻は中国語、私は日本語です。

ある日のことでした。私が「おはよう」と話しかけると、バンジョが「Good morning」と答えたのです。そして、それ以降、彼は私たちが言ったことをそのままリピートするのではなく、大体同じような意味の別の言語で言い返すことが増えました。リピートではなく、言い換え、つまりparaphrase（パラフレイズ）です。

ここでは、パラフレイズの練習をみなさんにしていただきます。オウム返しだけでなく**パラフレイズができるようになると、もっと話が弾んで、より楽しい会話になります**。ポイントは「言い換える」または「新しい情報を追加する」ということです。

PRE LESSON 初期設定

LESSON 1 1時間目

LESSON 2 2時間目

LESSON 3 3時間目

LESSON 4 4時間目

LESSON 5 5時間目

LESSON 6 6時間目

LESSON 7 7時間目

AFTER LESSON 課外授業

例 Example

A : Have you had your lunch?　お昼ご飯は済んだの？

B : Yes, I had <u>a quick one</u> <u>just now.</u>　はい、今ちょうど、
　　　　　　　言い換え　新しい情報　　簡単なもので済ませたよ。

「お昼ご飯は済んだの？」と聞かれて「はい、今ちょうど、簡単なもので済ませたよ」と答えています。オウム返しで「はい、昼ご飯を済ませました」と繰り返して答えるのと比べると情報量が増えているので、またここから会話が続いていきそうですよね。もう1例見てみましょう。

例 Example

A : Have you completed the project?　プロジェクトは終わったの？

B : Yes, <u>it's all set.</u> <u>Ready to go.</u>　すべて完了。準備万端だよ。
　　　　言い換え　　新しい情報

「プロジェクトは終わったの？」と聞かれて「すべて完了。準備万端だよ」と答えが返ってきたら、その後もきっとどんどん話が弾みます。

　新しい情報としてつけ加える内容は、「相手が知りたい」と思われる情報や、話が盛り上がりそうだなと思う話題のトピックスなどがおすすめです。

LET'S TRY!

パラフレイズの練習

[動画で質問を聞いて、パラフレイズで答えてください。]

Did you find the handbag that you wanted?

あなたは欲しかったバッグを見つけたの？

Yes, I found a handbag in a beautiful blue color, and I bought it.

　　　ここまではオウム返し　　　　　　　新しい情報

はい、美しいブルーのを見つけて、買ったよ。

Did you enjoy your trip to Switzerland?

スイスへの旅行は楽しかったですか？

Yes, it was very enjoyable and the weather was perfect,

　　　　　　言い換え　　　　　　　　新しい情報

although everyone said it was too short.

はい、皆、短かすぎたと言っていましたが完璧なお天気で最高に楽

しかったです。

What was the name of your friend?

あなたの友達の名前は何だった？

You mean Alice? She's my girlfriend now.

　　　言い換え　　　　　　　新しい情報

アリスのこと？　彼女は今、私のガールフレンドだよ。

Did you go to Karuizawa in the end?

あなた達は結局、軽井沢に行ったのですか？

Yes, we went there last week and stayed in a beautiful hotel.

　　　オウム返し　言い換え　　　　　　新しい情報

はい、先週に行って、きれいなホテルに泊まりました。

How did you celebrate your girlfriend's birthday?

ガールフレンドの誕生日をどうお祝いしたの？

We had a fusion dinner at the Corner House, under the
moonlight with live music performance.　　新しい情報

コーナーハウスで、月明りの中、音楽のライブつきのフュージョン
料理を食べたよ。

How are you getting on in your new job?

新しい仕事はどんな調子？

This is my eighth month there, and I was just given more
responsibilities.　　　　　　　　　新しい情報

8か月たって、もっと責任が増えてきたよ。

How did the tender presentation go?

入札のプレゼンはどうでしたか？

It went very well. Our presentation was spot on. I think we

　　言い換え　　　　　　　　　　新しい情報

will win the tender.

とてもうまくいきました。私たちのプレゼンテーションは的を射て
いました。入札に勝つと思います。

PRE LESSON 初期設定
LESSON 1 1時間目
LESSON 2 2時間目
LESSON 3 3時間目
LESSON 4 4時間目
LESSON 5 5時間目
LESSON 6 6時間目
LESSON 7 7時間目
AFTER LESSON 課外授業

話題に困ったら 「5W+1H」を思い出そう

話し上手の秘訣は万国共通

　質問をして答えが返る。たったそれだけでも、会話のキャッチボールができるようになってきたら、本当に楽しいですよね。ここではもっと欲張って、さらに話を続ける、盛り上げるための作戦をシェアしましょう。

　たいていの日本人は、英会話のときにはワンセンテンスを言うだけで精いっぱい。そこで止まってしまいます。それでは、やはり話が膨らんでいきません。

　そこで、私からの提案は、**どんな話題についても必ず3〜5センテンスを用意しておく**ということです。「しりとり」というゲームがありますね。誰かの言った言葉の最後の音を頭文字にして、次の言葉を考えるという楽しいゲーム。それに似た感覚で会話を進めれば、話がぐっと面白くなります。

　ここで1つ、重要なことを申し上げましょう。私の長年の経験からの持論ですが、日本語で話の上手な人ほど、英会話も上手になれます。ですが、**もしも日本語で会話が苦手でも「5W+1H」の法則さえ知っていれば会話を続けることができます**。結局「会話」というのは、どんどん話題が湧いてくるかどうかが決め手だからです。

PRE LESSON 初期設定
LESSON 1 1時間目
LESSON 2 2時間目
LESSON 3 3時間目
LESSON 4 4時間目
LESSON 5 5時間目
LESSON 6 6時間目
LESSON 7 7時間目
AFTER LESSON 課外授業

　話題を広げたり増やしたりするために、最も簡単な方法が皆さんもご存じの「5W＋1H」です。報告の際のルールとして習った人も多いでしょう。これを英会話でも意識するとずいぶん英語が上達します。

5W＋1Hで話を展開する

「5W＋1H」についておさらいをしておきましょう。Wで始まる5つの疑問詞、Hで始まる1つの疑問詞を指しています。

WHAT　　何
WHO　　　誰
WHEN　　いつ
WHERE　どこで
WHY　　　なぜ
HOW　　　どのように

　この「5W＋1H」でどんなふうに話題を膨らませていくのかを、会話のテーマが和菓子（くずきり）の場合を例にして展開してみましょう。

WHAT

My most favorite Japanese dessert is *kuzukiri*.
私の一番好きな和菓子はくずきりです。

WHO

My wife also likes it very much.
妻もそれをとても好きです。

WHEN

Every time we come to Tokyo, we always make it a point to have *kuzukiri* together.

東京に来たらいつも、私達は、決まってくずきりを一緒に食べます。

WHERE

You know what, you can get the best *kuzukiri* at Toraya in Ginza.

銀座の虎屋で一番おいしいくずきりが食べられるんですよ。

WHY

We like it very much because *kuzukiri* has a special texture like jelly, as well as a simple and pure taste.

シンプルでピュアな味でありながらゼリーのような特別な舌触りだからそれが大好きなんです。

HOW

We dip the *kuzukiri* into black sugar syrup before slurping it up. After that, we finish it with a sip of matcha.

黒蜜にひたしてからくずきりをすすって、最後に一口の抹茶でしめます。

　このように、あるテーマや話題について自分自身が伝えたいことを「5W＋1H」で準備しておけば、自分が話す際だけでなく質問する時にも、とても役に立ってくれます。

ぜひ、皆さんも何かテーマを決めて考えてみてください。**「最近行っ**
てきた旅行」「最近読んだ本」「自分の故郷について」など、自分が
ぜひ話してみたいものがいいでしょう。練習で作るだけではなくて、
ついでに覚えてしまえば、使えるチャンスがきっとやってくるでしょ
う。

　旅行の話の場合なら「Where ?」から始めましょうか。「I went
to Kyoto. 京都へ行ってきた」。「When?」に対しては「the last
weekend 先週末に」。「Who?」は「alone　1人で」、「Why?」はどうで
しょう。「Because I wanted to see the autumn leaves.　紅葉が見た
かったから」かな。「How」で伝える内容は自由度が高いので「どう
やって」と考えて「We used a rental car for the whole trip（全行程
レンタカーを利用した）」でもいいですし、「どのくらいお金がかかっ
た」「どのくらい混んでいた」というような展開もできます。

　こんなふうに「5W＋1H」は、話をする際のフックになってく
れます。常に意識しておけば、話し上手になれますよ！

PRE LESSON 初期設定

LESSON 1 1時間目

LESSON 2 2時間目

LESSON 3 3時間目

LESSON 4 4時間目

LESSON 5 5時間目

LESSON 6 6時間目

LESSON 7 7時間目

AFTER LESSON 課外授業

LET'S TRY!

ケイコの東京案内③

［質問に答えて会話が続く!］

John Thank you very much for dinner. The sushi was delicious, and I had a wonderful time chatting with you.

ごちそうさま。お寿司、とてもおいしかったです。ケイコとのおしゃべりも楽しかった。

ケイコ Likewise. It was a lot of fun. Well, I'm going off now. You should probably take a taxi back.

こちらこそ。とても楽しかったです。じゃあ、私はもう帰ります。あなたはおそらくタクシーで帰った方がいいでしょう。

John How are you going home? Will you be okay?

ケイコはどうやって帰るんですか？　大丈夫?

ケイコ I'll take the subway. The station is just over there and I'm quite familiar with the route, so there's nothing to worry about.

地下鉄で家に帰ります。駅はすぐそこにあります。私はこのルートをよく知っていますから、心配はいりません。

John Great. Oh... you will show me around Tokyo tomorrow afternoon, right?

よかった。あ…、明日の午後は東京案内してもらえるんですよね?

ケイコ Of course. Is there anywhere you want to go?

もちろん。どこか行きたい場所の希望はありますか?

John Where would you recommend?

おすすめはどこですか?

ケイコ A more traditional place like Asakusa is pretty popular with tourists. Ueno Park is quite nice, too.

浅草のような伝統的な場所は観光客に人気です。上野公園も素敵ですよ。

John Let's start with Asakusa, and I'll leave the rest to you.

では、浅草からスタートしましょう。あとはあなたにおまかせします。

ケイコ Got it, you can count on me. For dinner, is there anything in particular you want to try?

了解、おまかせください。晩ごはんは何か特に食べたいものはありますか?

John Anything is fine... other than hamburgers, haha.

何でも大丈夫。ハンバーガー以外でね。笑

ケイコ I'll keep that in mind. Shall I pick you up at the hotel again tomorrow?

じゃあ、それも考えて。明日もまたホテルに迎えに行きましょうか?

John I'm thinking of taking a walk around the city tomorrow morning on my own. How about we meet up somewhere else, instead?

明日の午前中は、僕は1人で街歩きをしようと思っています。なので、どこか他の場所で待ち合わせしませんか?

ケイコ Okay. Let's meet up tomorrow at 1:00 pm, in front of the lion statue at Ginza Mitsukoshi! If you have any problem, please call or text me anytime.

オーケー。じゃ明日、午後1時に銀座三越のライオン像の前で会いましょう! なにか困りごとがあったらいつでも電話かメッセージください。

初期設定 / 1時間目 LESSON 1 / 2時間目 LESSON 2 / 3時間目 LESSON 3 / 4時間目 LESSON 4 / 5時間目 LESSON 5 / 6時間目 LESSON 6 / 7時間目 LESSON 7 / 課外授業 AFTER LESSON

LESSON 7

「必殺言い回し」で、

おしゃべりが

止まらない

CONTENTS

Do less and achieve more!

Chin-Ning Chu

少なくやってより多くの成果を上げよう!

朱津寧
（中国系アメリカ人のコンサルタント、ビジネス書作家、自己啓発作家）

LESSON 7

いつでも、どんな状況でも必ずしゃべれる人になる！

Davy

いよいよ最後のレッスンになりましたね。最初に言ったように、この本はユーザーマニュアルなので、ちゃんと順番通りにレッスンをして、しかも、ちゃんと練習も繰り返して完全にマスターできたと思ってから次のレッスンに入るというふうに進んでくれましたね？

……。ちょっと気持ちが急いじゃって、練習はまだまだ足りないかもしれませんが、ちゃんと順番にクリアしてきたつもりです。

ケイコ

僕も、練習はまだまだだけど、これまで外国人と会話するのが怖いと思っていたのが、急にコツが分かって、苦手意識がなくなりました。

サトシ

Davy

それなら OK。でも。練習不足はダメよ。ちゃんと繰り返し練習して身につくまでがんばってね。だけど、ずいぶん英会話力がついてきたという感じでしょう？

はい、これまで英会話本は、何冊も読んできたけど、それとは別の次元で「なんだか今度こそ、話せそう」な気がしてきました！
決して難しい英文を覚えたわけではないのに、この変化はすごい。街中でも英語を話したくて困っている外国人の姿を探しちゃう……。

ケイコ

Davy

ハハハ。Great！　それは素晴らしいね。
これが最後のレッスンだから、ケイコさんが気になる課題をちゃんとクリアしてあげたいと思いますが、次はどうしたいですか？

日本人同士で話すときみたいに、どんなときでも、どんな状況でも、オールマイティにごく自然に英語で話せたらいいなぁと思います。できれば、外国人とお友達になれるレベルに。そのための方法が知りたいです！

ケイコ

Davy

オッケー。じゃあ、そのために必要な「必殺言い回し」を伝授しましょう。

「発想別」の言い回しなら どんな場面でも万能に使える

場所や状況別ではなく「発想別」の言い方を覚える

英会話のテキストやガイドブックでは、たとえば「飛行場で」「ホテルで」というような場面設定をしたうえで、そこで想定される英文のパターンが紹介されることが多いようです。でも、それだと応用がききにくくて、その場所・その場面でしか使えないということが多いと思いませんか。

本書では、そうじゃなくて**「自分の心に浮かんだことや感じていること」、つまり「発想別」の分類で、いろんな英語表現を覚えてもらう**という方法をとりたいと思います。この方が、断然応用がきくからね！

12パターンで「気持ち」は伝わる

実は、人が人に対して何かのアクションを取りたい時の「気持ち」って、大きく分けるとそんなにたくさんあるわけではないのです。

たとえば、次の**12パターンで、ほぼ日常の気持ちは分類できる**のではないでしょうか。

つまり、この12パターンの「必殺言い回し」を覚えておけば、どんな時でも、どんな状況でも、気持ちを伝えられるということです！

❶ 誰かと会話を始めたい時

❷ 何かの情報を聞きたい時

❸ 何かに誘いたい時

❹ 何かを依頼したい時

❺ 計画や希望をシェアしたい時

❻ 意見を述べたい時

❼ 何かをおすすめや助言したい時

❽ 好意で何かをしてあげたい時

❾ 何かについて報告したい時

❿ 感謝の気持ちを伝えたい時

⓫ 期待を伝えたい時

⓬ 会話を終わらせたい時

　それぞれの状況について、いろんな言い回しがありますが、1つか2つだけでいいので自分で好きな言い回しを見つけて、練習しておきましょう。そして、そういう状況になったときには、いつも同じ表現を使ってください。**頭で考えなくても自然にその言葉が口から出るようになるまでは、他の言い回しは使わないでくださいね。**

　もちろん、すっかり慣れてきたら、他の言い回しにも自由に手を広げてください。

　ここで紹介するいくつかの例文は、たくさんの学生や社会人を教えてきた経験から、最もシンプルで使いやすいと判断したものです。この中から、あなた自身が使いやすく、覚えやすいものを選んで使ってみてください。では、次のページからそれぞれの「発想別」の「必殺言い回し」を紹介していきますね。

PRE LESSON 初期設定

LESSON 1 1時間目

LESSON 2 2時間目

LESSON 3 3時間目

LESSON 4 4時間目

LESSON 5 5時間目

LESSON 6 6時間目

LESSON 7 7時間目

AFTER LESSON 課外授業

❶誰かと会話を始めたい時
天気の話題はオールマイティ

　まずは、あまり知らない人に話しかけたい時。これはどうしても、いろんなシチュエーションがあると思いますので、1つの「必殺言い回し」にはしぼりきれないのですが、下記のようなケースを覚えておくと安心です。

　まずは、最も簡単なのは「天気」の話題です。いい天気の日でも、雨の日でも、寒い日でもどんな場合でもオールマイティです。

例 Example

Nice day, isn't it?
いい日だね？

Lovely weather, isn't it?
いい天気ですね？

It's gotten quite rainy these days...
最近は雨っぽくなってきたね…

　また、他に、よくあるシチュエーションとして、カフェや公園などで相手の近くの空いている席に座っていいかどうかを尋ねたいというような場合があります。そんな場合に覚えておきたい2つのフレーズです。

Excuse me, is anyone sitting here?
すみません、誰かここに座っていますか？

Can I sit here?
ここに座っていいですか？

　相手が持っているものや連れているペットについて聞いたりほめたりするのも、話を始めるきっかけになります。

Your puppy is really cute...
あなたの子犬、かわいいね…

Is it a toy poodle?
これ、トイプードルですか？

　最初の声かけはこの程度で十分。さあ、ここからもっと楽しい会話を始めましょう。

　知らない人にいきなり声をかけて「ナンパ」と間違えられないだろうか？　という不安もあるかもしれませんね。もちろん、実際にそういうこともないとは言えません。ですから無理矢理に話しかける必要はありませんが、**ホテルのエレベーター内で一緒になって無言のままでは気まずいときや、気持ちのいい公園を散歩中に誰かとすれ違ったときなどに自然にさらっと声をかけるのは海外ではよくあること**です。いくつかの定型パターンを覚えておいて損はありません。そこから楽しい会話が弾むようになるかもしれません。

PRE LESSON 初期設定

LESSON 1 1時間目

LESSON 2 2時間目

LESSON 3 3時間目

LESSON 4 4時間目

LESSON 5 5時間目

LESSON 6 6時間目

LESSON 7 7時間目

AFTER LESSON 課外授業

❷ 何かの情報を聞きたい時 「Do you know〜?」

　ここからは、発想別のマスト表現を皆さんに伝授します。いろいろなシチュエーションの中で「これさえ知っていればOK」という言い回しになりますので、まずはそれを確実に覚えてください。いわば、一種の必殺フレーズのようなものです。

　まず、相手に何かについての情報を聞きたい時。これは迷わず「Do you know〜?」で始めてOK。

例 Example

Excuse me, **do you know** where Maxim Café is?
すみません、マキシムカフェの場所を知っていますか?

Do you know what her name is?
彼女の名前を知っていますか?

Do you know how to get to City Hall?
市役所への行き方を知っていますか?

このフレーズに慣れたら もう1つの他の言い回し「Can you tell me〜」を使ってみてください。
Excuse me, **can you tell me** where Maxim Café is?

Can you tell me what her name is?

Can you tell me how to get to City Hall?

　この他にも、よく使う表現として次のようなものがあります。

Excuse me, **could you tell me** where Maxim Café is?

I wonder if you could tell me where Maxim Café is?

Do you happen to know where Maxim Café is?

Got any idea where Maxim Café is?

Please＋命令形はやや強引な感じがする

　ここまでを読んで、「あれ？」と思った人もいるでしょう。「何か
を教えてもらうなら、Please tell me～で聞けばいいんじゃないの？」
と。確かに日本人が中学英語で習うのはこの「Please＋命令形」の
カタチです。ですが、この表現には、実は少々押しつけがましい感
じがつきまといます。慇懃無礼というのでしょうか、Pleaseをつけ
て丁寧に言っているつもりでも、やや強引。失礼な感じが否めませ
ん。英語としては、ぎごちない、つまり洗練されていない言い回し
になってしまいます。

　ただし、どうしても「Please＋命令形」での表現しか思い出せ
なかったときは、最初に「Excuse me」をつけておけば、ぎごち
なさは和らぎますので、これも覚えておくといいでしょう。

PRE LESSON 初期設定

LESSON 1 1時間目

LESSON 2 2時間目

LESSON 3 3時間目

LESSON 4 4時間目

LESSON 5 5時間目

LESSON 6 6時間目

LESSON 7 7時間目

AFTER LESSON 課外授業

❸ 何かに誘いたい時 「Would you like to〜?」

　誰かを何かに誘いたい、というのは日常の中でよくあるシチュエーションです。日本語なら皆さんしきりに「〜しない?」「〜に行かない?」と連発しているでしょう。そんな時はズバリ「Would you like to〜?」が万能です。英語でも自信をもってどんどん誘いましょう。きっと喜ばれますよ。

例 Example

Would you like to see a movie with me?
私と一緒に映画を見に行きませんか?

Would you like to have dinner outside tonight?
今夜外で夕食を食べませんか?

Would you like to go shopping this Saturday?
今週の土曜日に買い物に行きませんか?

　この言い回しを上手く使うには、たとえば下のように言うともっと有効です。いきなり誘うよりも、ちょっと前振りがあった方がいいのは日本語でも英語でも同じです。

Are you doing anything tonight? **Would you like to** see a movie with me?

今夜何か予定がありますか？　私と一緒に映画を見に行きませんか？

I was thinking of going to a movie this Saturday. **Would you like to** join me?
今週の土曜日に映画を見に行くつもりですが、一緒にいかがですか？

このフレーズに慣れたら　次のような表現もあります。

Do you want to watch a movie with me?
How about watching a movie with me?

　そして、誘われた方は、こんなふうに答えればOKです。

Sure, I'd love to.
いいですよ、喜んで。

Sounds good. Let's do that.
いいね。そうしましょう。

　もしも断りたい時には「Sorry」と言った後で、「その日は忙しい」などの理由を言うのが礼儀です。

Sorry, I'm afraid I'm busy this Saturday.
ごめん、土曜日は忙しいです。

I've got visitors on Saturday, so how about Sunday?
土曜日はゲストが来るので、日曜はどう？

PRE LESSON 初期設定

LESSON 1 1時間目

LESSON 2 2時間目

LESSON 3 3時間目

LESSON 4 4時間目

LESSON 5 5時間目

LESSON 6 6時間目

LESSON 7 7時間目

AFTER LESSON 課外授業

❹何かを依頼したい時 「Can you〜?」

　何かを依頼する、お願いをする。これもよくあるシチュエーションですよね。これは実は、「Can you〜?」がおすすめです。

例 Example

(When you are in Paris,) **Can you** buy this for me, please?
(パリに行ったら、)これを買ってきてくれる?

Hey, **can you** play the piano for us, please?
ねえ、ピアノを弾いてくれませんか?

　また丁寧にしたいときには、「Excuse me」を添えると丁寧です。

Excuse me, **can you** pass me the salt and pepper, please?
すみません、塩とこしょうを渡してくれませんか。

このフレーズに慣れたら　下の言い回しにもトライしてください。「これを買ってくれる?」のバリエーションですが、下に行くほど丁寧な言い方です。

Will you buy this for me, please?

Would you buy this for me?

Could you buy this for me?

Do you mind buy**ing** this for me?

❺計画や希望をシェアしたい時「I'd like to〜」

PRE LESSON 初期設定

LESSON 1 1時間目

LESSON 2 2時間目

LESSON 3 3時間目

LESSON 4 4時間目

LESSON 5 5時間目

LESSON 6 6時間目

LESSON 7 7時間目

AFTER LESSON 課外授業

　自分の計画や希望を述べるときにはこの表現を覚えておきましょう。「〜したいと思っている」という意味に加えて「〜したいんだけど、どうかなぁ？」と相手の返事を誘うニュアンスもあります。

例 Example

I'd like to go for a vacation in Europe.
ヨーロッパで休暇を過ごしたいなあ。

I'd like to play tennis with David.
デイビッドとテニスをしたいのですが。

I'd like to get an MBA.
MBA を取得したい。

I'd like to attend David's Christmas party.
デイビッドのクリスマスパーティーに参加したいなぁ。

このフレーズに慣れたら　他にはこんな言い方もあります。

I want to go for a vacation in Europe.

I'm thinking of go**ing** for a vacation in Europe.

I'm interested in go**ing** for a vacation in Europe.

❻意見を述べたい時
「I think～」

この辺りはまさに中学英語のオンパレード。意見を述べたい時は
シンプルに「I think」で始めれば大丈夫です。

例 Example

I think you look good in red.
あなたは赤が似合うと思います。

I think China is becoming stronger by the day.
中国は日ごとに強くなっていると思います。

I think it's better to explain it now than later.
後で説明するよりも今説明したほうがいいと思います。

自分の意見をさらに強調したい時は、前にひとこと付け加えます。

If you ask me, I think it's better to explain it now than later.
私に言わせれば、後で説明するよりも今説明したほうがいいと思い
ます。

You know what I think? I think it's better to explain it now
than later.
私がどう思うかというと、後で説明するよりも今説明したほうがい

いと思います。

このフレーズに慣れたら　別の言い回しも使ってみましょう。

I'd say it's better to explain it now than later.

The way I see it, it's better to explain it now than later.

Don't you agree that it's better to explain it now than later?

こちらの意見を返す時には

話を聞いている側にいるなら、ちゃんとこちらの意見も返してあげましょう。

Exactly.　ごもっともだ。

That's just what I'm thinking.　まさに私が考えていることだ。

That's a good point.　それは良いポイントだ。

I'm not sure about that.　私はそうは思わない。

これで、英語で意見交換ができるようになりましたね！

❼ 何かをおすすめ、助言したい時 「How about〜?」

これも日常会話でよくあるシチュエーションです。「○○してみたらどう？」と相手にすすめたり、助言したりするようなシーンで、様々に使える表現（しかもとっても簡単！）です。自分と一緒にという感じなら、誘うときにも使えますね。これもしっかり使えるようにしましょう。

例 Example

How about we have dinner together tomorrow night?
明日の夜夕食をご一緒にいかがですか。

How about going to Hokkaido for a summer holiday?
夏休みに北海道に行ってみませんか？

How about you give her a scarf as a birthday present?
彼女に誕生日プレゼントとしてスカーフをあげたらどう？

このフレーズに慣れたら 他の言い回しで気に入ったものを覚えてみてもいいかもしれません。

I suggest you give her a scarf as a birthday present.
Why don't you give her a scarf as a birthday present.
If I were you, I'd give her a scarf as a birthday present.

Have you ever thought of giv**ing** her a scarf as a birthday present?

You could always give her a scarf as a birthday present.

返事をする時には

返事をする立場にいる時の答え方もいくつか覚えてしまいましょう。まずは、肯定する時です。

Fantastic!
Wonderful!
Sounds good.
いいですね。

That's a good idea.
それはいいアイデアですね。

あまり納得できないときは、**まずは感謝したりいいアイデアだとほめてから「but」で理由を述べましょう。**

That's a great idea, but she might not like scarves.
それは素晴らしいアイデアですが、スカーフは好きではないかもしれません。

PRE LESSON 初期設定

LESSON 1 1時間目

LESSON 2 2時間目

LESSON 3 3時間目

LESSON 4 4時間目

LESSON 5 5時間目

LESSON 6 6時間目

LESSON 7 7時間目

AFTER LESSON 課外授業

❽好意で何かをしてあげたい時「Let me～」

「あなたのために何かをしてあげたい」と好意を申し出たい時もありますね。そんな時には中学英語「Let me～」で。仲良くなったら、どんどん好意を伝えてもっともっと仲良くなりましょう。

例 Example

Let me send you home.
うちまで送りましょう。

Let me give you a hand.
私に手助けさせて。

Let me introduce a good doctor to you.
いい医者を紹介しましょう。

Let me host a welcome party for you.
ウェルカムパーティーを開催させていただきます。

このフレーズに慣れたら 他にはこんな言い方もあります。

I'll send you home.
I'd like to send you home.
Can I send you home?

PRE LESSON 初期設定

LESSON 1 1時間目

LESSON 2 2時間目

LESSON 3 3時間目

LESSON 4 4時間目

LESSON 5 5時間目

LESSON 6 6時間目

LESSON 7 7時間目

AFTER LESSON 課外授業

❾何かについて報告したい時「過去形」で

　この場合は、すでに発生したことや誰かが言ったことを話すことになるので、単純に過去形で話をすればOKです。日にちや時間も加えれば、なおbetterです。

例 Example

In April, Grace and I **went** to Kyushu for a short vacation.
４月に、グレースと短い休暇で九州に行きました。

During that trip, the cherry blossoms **were** blooming everywhere.
その旅の間、桜はいたるところに咲いていた。

Jenny **asked** me if I'd like to see her tomorrow.
明日会いたいかとジェニーに聞かれました。

Patrick **said** he would come to Singapore next week.
パトリックは来週シンガポールに来ると言った。

She **wondered** if you would come to her party.
彼女はあなたが彼女のパーティーに来るかどうか知りたかった。

「あのときに何があったのか？」と聞かれて答える場合は"What happened was"で話を始めます。

What happened was she missed her flight.
（何が起こったのかというと）彼女は飛行機に乗り遅れた。

What happened was there was a big turn-up at the event.
（何があったかというと）イベントで大きな盛り上がりがありました。

What happened was he forgot to bring his thumb drive for the presentation.
彼はプレゼンテーションのためにサムドライブを持ってくるのを忘れていました。

　このフレーズに慣れたら　下の言い回しも使ってみてください。
You know what happened? She missed her flight.
What she did was miss her flight.
何が起こったのかと言えば、彼女は飛行機に乗り遅れたということです。
I found out that she missed her flight.
彼女が飛行機に乗り遅れたことが分かりました。

PRE LESSON 初期設定

LESSON 1 1時間目

LESSON 2 2時間目

LESSON 3 3時間目

LESSON 4 4時間目

LESSON 5 5時間目

LESSON 6 6時間目

LESSON 7 7時間目

AFTER LESSON 課外授業

❿感謝の気持ちを伝えたい時「very kind of you」

　日常会話においては感謝の気持ちを伝える場面はとても多いですよね。海外に行くとついつい「Thank you」ばかりを連発してしまいがちですが、これは、日本で言うなら「どうもどうも」を連発しているみたいなニュアンスです。あるいは、隣の席の人が塩をとってくれたときに儀礼的に「ありがと！」と言うような感じです。もう少し心を込めて感謝を伝えたい時のために、次のフレーズを覚えておくといいでしょう。

例 Example

Oh, that's **very kind of you**.　あなたのご親切に感謝します。

　この表現は友人や家族など親しい間柄ではもちろん、レストランの店員や電車の中の見知らぬ他人など誰に対しても使えます。大げさすぎずに心を込めた「ありがとう」になります。いつでもどこでも気持ちよく「ありがとう」の想いを伝えたいものです。

このフレーズに慣れたら　次のような言い方も使い勝手がいいので試してみてください。

How very kind of you.

Thank you very much indeed.

I don't know how to thank you.

⓫期待を伝えたい時「It'll be great if〜」

「〜だったらいいなぁ」「〜になるといいね」というような期待を伝える場面も多いと思います。これには「It'll be great if 〜 (S+V)」または「It'll be nice if 〜」を使います。

例 Example

It'll be great if we can visit Mount Fuji together.
富士山に一緒に行けたらいいな。
It'll be nice if the vaccine for this awful disease will be available soon.
このひどい病気のワクチンが早く利用可能になるといいですね。

　自分が主語の場合には、次のような言い方もできます。
It'll be great to 〜（動詞原形）または　It'll be nice to 〜

It'll be great to visit Mount Fuji together with you.
It'll be nice to visit Mount Fuji together with you.

このフレーズに慣れたら 次のような言い方も使ってみましょう。
I'm looking forward to visiting Mount Fuji together with you.

⓬会話を終わらせたい時 「I must go...」

会話がはずみすぎても、いつかは終わらせなければいけませんね。「I must go」は時間がない時はもちろん、相手の長話にうんざりしてきた時も使えます。「終わり良ければすべてよし」という言葉があるくらいですから、会話の終わらせ方やさようならの告げ方もスマートにかっこよくいきましょう。

例 Example

Well, I'm afraid **I must go...**
悪いんですが、私はもう行かなければなりませんので…

他にはこんな言い方もあります。

Well, **I really must go...**
ああ、もう本当に行かなきゃ。

I hate to do this, but **I do have to leave** now...
残念だけど、もう行かなければなりません。

「さようなら」のバリエーションを知っておく

お別れの言葉には、別れの長さや相手との関係性によって様々なバリエーションがあります。会話を切り上げて「じゃあね」「またね」と気軽に別れをいうには、

Bye for now...！　じゃ、またね…！
See you！　じゃ、またね！

Have a good weekend.　良い週末を。
Remember to call me.　電話してね。

　引っ越しや転勤、卒業などで今後しばらく会えなくなる場合には
もう少し丁寧な言葉で別れを惜しみましょう。

I've come to say goodbye. Thanks for everything.
さよならを言うために来ました。色々とありがとう。

I'm really going to miss you.
あなたがいなくなると本当に寂しいよ。

It's been really nice getting to know you.
あなたと知り合えて本当に良かったです。

　最後はこんな言葉でお別れしましょう。

All the best!　ではごきげんよう。
Take care!　元気でね！
Good luck with your（new job）!　（新しい仕事）を頑張ってね！
（project, exam など何にでも使えます）

C O L U M N
いつでも使える究極の
必殺フレーズはこれだ!

　最後にもう1つの究極の必殺フレーズを紹介しましょう。レッスン4で、中学英語をそのまま使うと「ちょっと失礼」な言い方になっちゃう場合があると言いましたね。例えば、"Why ~"と"I want~"はそのまま使うより少し柔らかくすれば良いと説明しました。

　ここでは同じ中学英語で、これを使うと、何でも柔らかくなり、しゃれた話し方になる方法を教えましょう。非常に簡単です。"May I~"をつけるだけです。これが結構使えるんですよ。

例 Example

会話を始めたい時："May I sit here?"

情報を聞きたい時："May I ask, do you know where Café Maxim is?"

何か依頼したい時："May I ask for a favor? Can you buy this for me?"

何かすすめたい時："May I suggest that you buy her a scarf?"

何か好意を表したい時："May I send you home?"とか、"May I give you a hand?"

　実は、もっと簡単に、ただ"May I..."と話しかけるだけで、（丁寧で柔らかく聞こえるので）人は耳を傾けてくれます。ウソだと思うなら一度試してみてください。その効果にびっくりしますよ!

PRE LESSON 初期設定

LESSON 1 1時間目

LESSON 2 2時間目

LESSON 3 3時間目

LESSON 4 4時間目

LESSON 5 5時間目

LESSON 6 6時間目

LESSON 7 7時間目

AFTER LESSON 課外授業

サトシのシンガポール出張　完結編

［中学英語と必殺言い回しで恋心も語れる］

Alice This restaurant has a wonderful view, and the food is great too.

このレストラン、眺めが素晴らしいし、食べ物も素晴らしいわね。

サトシ Indeed, this steak is absolutely delicious. Would you like to try some?

本当に。このステーキも、ありえないほどおいしい。よかったら、僕のステーキを一口いかが？

Alice Hmm, it's really good. But for me, the company is most important, and I'll enjoy it no matter what the food is.

ほんと、おいしいですね。でも、私にとっては、何を食べるかよりも誰と食べるかの方が大事。

サトシ You're absolutely correct, as I'm having the best meal of my life right now. We've met quite a number of times, but we've never had a chance to meet alone. Hey, Alice, why don't you tell me more about yourself?

まさしくそう。僕は今、人生で最高の食事をしてるから。僕らはこれまでに何度も会ったけど、2人きりで会ったことはなかった。だから、いろいろアリスのことを話してくれる？

Alice Sure, what do you want to know?

いいわ、何が知りたいの？

サトシ Just anything. Where you grew up, what your hobbies are, what you want to become... I want to know everything about you.

どんなことでも。出身、趣味、何になりたいとか、君のすべてを知りたい。

Alice Okay... I'm originally from Shanghai. I grew up in a village. But I went to study in the US, and came to Singapore 5 years ago. Ever since then, I've been with this company. I'm enjoying my work, but I'd like to enjoy my own life too.

OK…。私はもともと上海出身で、村で育ちました。でも、アメリカに留学して5年前にシンガポールに来たの。その時からずっとここの会社よ。仕事を楽しんでいるけど、自分の生活も楽しみたいわ。

サトシ What do you do in your spare time?

仕事以外の時間は何をやっているの?

Alice I like to draw. But recently I've been very interested in *ikebana*.

絵を描くのが好き。でも、最近は生け花にとても興味があるの。

サトシ Oh, *ikebana*? What a coincidence! My mother's actually an *ikebana* teacher. It'll be great if you can come to Japan. She would be glad to teach you.

え、生け花? なんと偶然! 実は母が生け花の先生なんだよ。日本に来られるといいな。母が君に喜んで教えてくれると思うよ。

Alice Wow, really? Can you tell me more about your mother and you...

わあ、ほんとに? お母さんのこと、もっと教えて、それから、あなたのことも…。

サトシ There's a lot to talk about tonight. How about we order another bottle of wine?

今夜はたくさんおしゃべりしよう。ワインをもう1本、頼もうか。

LESSON 1 1時間目

LESSON 2 2時間目

LESSON 3 3時間目

LESSON 4 4時間目

LESSON 5 5時間目

LESSON 6 6時間目

LESSON 7 7時間目

AFTER LESSON 課外授業

ケイコの東京案内　完結編

［印象に残るお別れシーン］

ケイコ Hi John, are you all set for today?
こんにちはジョン、今日の準備はOK？

John Yes I am, Keiko. Shall we get going?
ああ、ケイコ、大丈夫。行きましょうか。

ケイコ It's more convenient to have a "PASMO" card when you travel around Japan, so would you like to buy one?
日本での移動は「PASMO」があると便利ですが、購入しますか？

John That sounds like a good idea, since my work in Tokyo will be starting tomorrow.
東京での仕事は明日から始まるので、それはいい考えですね。

ケイコ You can get the PASMO card from this machine here.
この機械からPASMOカードを入手できます。

〈浅草で〉

ケイコ The "Kaminarimon" is a popular photo spot for tourists. Let me take a photo for you.
「雷門」は、観光客に人気の写真スポット。撮ってあげますよ。

John Thanks! How about we take a selfie together, too?
ありがとう。記念に一緒に自撮りしませんか？

ケイコ Sure! Say cheese...
そうしよう。はい、チーズ…

…そして、晩ご飯のあと

John Thank you very much for these two days Keiko. I hope to see you next time I'm here, or maybe even in Hong Kong.

ケイコ、2日間、どうもありがとう。今度、私がここに来たときか、香港にいるときでもお会いできることを願っています。

ケイコ Likewise, thank you very much. While I can't speak English very well, I enjoyed chatting with you.

こちらこそ、どうもありがとう。あまり上手に英語は話せないけど、ジョンとのおしゃべりはとても楽しかったです。

John Your English is actually very easy to understand! Thank you for telling me so much about Japan. Thanks to you, I think I like Japan even more than before.

ケイコの英語、とても分かりやすかったですよ。日本のこともいろいろ教えてくれてありがとう。ケイコのおかげで日本がますます好きになりました。

ケイコ I'm so glad to hear that. It's sad to say goodbye, but I'm sure we'll meet again.

それは嬉しいですが、お別れは淋しいです。でもまた会えますよね。

John At times like these, what would you say in Japanese?

こういうとき、日本語ではなんと言いますか?

ケイコ "Mata Aimasho"... What would you say in English?

「マタアイマショウ」…。英語ではなんと言いますか?

John Hmm... "Until we meet again".

ええっと…、「また会う日まで」かな。

ケイコ Well then, until we meet again, John!

ええ、じゃあまた会う日まで、ジョーン!

初期設定 PRE LESSON

1時間目 LESSON 1

2時間目 LESSON 2

3時間目 LESSON 3

4時間目 LESSON 4

5時間目 LESSON 5

6時間目 LESSON 6

7時間目 LESSON 7

課外授業 AFTER LESSON

AFTER LESSON

課外授業

英語が
どんどんうまくなる
７つの習慣

CONTENTS

Sow a thought, reap an action;
Sow an action, reap a habit;
Sow a habit, reap a character;
Sow a character, reap a destiny.

Stephen Covey

思いの種をまき、行動を刈り取り、

行動の種をまき、習慣を刈り取る。

習慣の種をまき、人格を刈り取り、

人格の種をまき、人生を刈り取る。

スティーブン・コヴィー
（世界で3000万部以上を売り上げた「7つの習慣」の著者）

英語を「習慣」に取り入れれば
日本にいてもどんどん上達

これで7時間のレッスンが終わりました。英語の知識はあるのに、外国人の言うことが聞き取れない、思ったことを話せない、会話がすぐに終わるという悩みをかかえていた皆さんは、この7時間で飛躍的に英語に自信が持てるようになったんじゃないかな。

そうですね、中学校で英語を習い始めてから、知識は増えてもずーっと低値安定だった英会話力が、この7時間で、急激に上がった気がするわ。

僕も、シンガポールに赴任してもなんとかやっていけるかなという気がしてきました。

きちんと発音できるようになると、聞き取れるようになる。そして聞き取れるようになると、会話が成り立つようになる。会話を盛り上げるコツを知れば、どんどんしゃべれるようになるんですよ。

PRE LESSON 初期設定

LESSON 1 1時間目

LESSON 2 2時間目

LESSON 3 3時間目

LESSON 4 4時間目

LESSON 5 5時間目

LESSON 6 6時間目

LESSON 7 7時間目

AFTER LESSON 課外授業

せっかくずいぶん話せる自信がついてきたから、早速、実践で使いたいけど、サトシさんと違って私はしばらく海外に行く予定はないから残念。とはいえ、日本人同士で英会話を練習するというのも、ちょっとねえ……。英会話学校に行くには時間もお金も足りないし。

ケイコ

 大丈夫！ もちろん、実際に外国人と話すのはすごく練習になるけれども、日本にいながらでも英語がどんどんうまくなっていく方法をお教えしましょう。今から紹介する「7つの習慣」を日常生活に取り入れるだけでOK！ しかも、どれも結構楽しいから、やってみたら、きっとハマると思うよ。

Davy

それは、僕も知りたいです。シンガポール赴任まであと1か月。もっともっと英語に自信をつけたいです！

サトシ

 おお、やる気満々でいいですね。「7つの習慣」によって、もっともっと、英語が身近なものになっていくでしょう。全部じゃなくても、興味があるもの、やってみたいなと思ったものから始めればいいよ。

Davy

習慣1
英語でひとりごとをつぶやこう

　言語を習得するためには、たくさんの練習を繰り返す必要があります。とはいえ、練習相手は、そう簡単には見つかりません。そういう場合のアイデアとして**「英語でひとりごとをつぶやく」という習慣をつける**ことをおすすめします。

　起きてから寝るまで、1人だからこそ恥ずかしくなくできるのがいいところです。**自分の考えていることやしていること、感情などを、どんどん英語でつぶやきましょう。**これを続けるだけで、毎日かなりの練習を重ねることができます。

　具体的にイメージしてもらうために、いくつかの例をご紹介しておきますね。

例 Example

朝

Woah, it's already 8 o'clock.
うわー、もう8時だ。

Oh, I must have forgotten to set the alarm...
ああ、アラームをセットするのを忘れたに違いない…。

I overslept!
寝坊してしまった！

I must hurry up.
急がなきゃ。

Oh... I'm running out of toothpaste.
I'll need to go to the convenience store later today...
ああ…歯磨き粉がなくなっている。後でコンビニに行かなきゃ。

Ah... There's no time to eat breakfast
at home. Maybe I can buy something
at the station.
ああ…家で朝食を食べる時間がない。駅で
何かを買おうかな。

Which dress/tie should I wear today?
今日はどのドレス／ネクタイにしようかな？

夜

Let me drop by the convenience store.
ちょっとコンビニに寄りましょう。

I think I've run out of beer... Let's get some now.
もうビールはなくなったと思う、何本か買おう。

Oh, almost forgot, I need to get new toothpaste... might as
well get some handwash too.
ああ、ちょっと忘れるところだった。新しい歯磨き粉を買わなきゃ…。

手洗い石けんも買っとこう。

ペット相手に

Oh, how's my sweet little kitty?
ああ、かわいい子猫は元気？

Give me your hand. Good boy!
お手。よしよし、いい子だ！

You like to be rubbed under the chin, right?
Here you go...
あごの下をなでられるのが好きですよね？
はいはい…

Okay, okay, I know you're hungry. Just give me a moment.
はいはい、お腹が空いているよね。ちょっと待ってね。

　こんな感じで、臨機応変にやっていただければOKです。案外楽しくて、ハマりますよ。そのうち、頭の中で自然と英語で発想できるようになる……かもね！

PRE LESSON 初期設定

LESSON 1 1時間目

LESSON 2 2時間目

LESSON 3 3時間目

LESSON 4 4時間目

LESSON 5 5時間目

LESSON 6 6時間目

LESSON 7 7時間目

AFTER LESSON 課外授業

習慣2
シットコムかメロドラマにハマる

　日常の英語に慣れるには、シットコム（1話完結型の笑い声が入るドラマ）やメロドラマが最適です。全世界で流行していて、いろんなテーマでたくさんの番組があります。きっと興味が持てるものが見つかるはずです。日常英会話の勉強が目的なら、家庭生活、友情、恋愛、都市生活などのシーンが多いものがいいでしょう。

　登場人物たちが、本書で紹介したようにシンプルな文とつなぎ語で会話していることが分かります。**定期的に見る日をつくるのもいいですし、もしも時間にたっぷり余裕のある日があれば、一気に集中的にたくさん見た方が上達が早いという声もあります。**字幕がついているもので見るのもよいですし、必要があればセリフのスクリプト（文字になったもの）も探せば見つかるはずです。

　また、シットコムやドラマではジェスチャーなどボディランゲージにも注目してください。意思伝達を助けてくれるジェスチャーは、特に英語では非常に重要なコミュニケーションの手段となります。

　Davyのおすすめを次のページに紹介します。どれもかなりヒットして人気作なので、ご存じの方も多いでしょう。世界でも見ている人が多いので英語の勉強になるばかりではなく、見ておくと外国人との共通の話題として盛りあがるのにも役立つと思います。比較

的アクセスもしやすいと思います。

Davyおすすめドラマ

「FRIENDS」

1994年からアメリカのNBCで放送された、シットコムの代表作。アメリカ、NYを舞台に、大人になりきれない世代の男女6人の友情や恋愛、仕事などのライフスタイルを描くコメディタッチのドラマ。世界中で大ヒットし、多数の国と地域で放送された。現在も、世界中に幅広い年代のファンがたくさんいる。10シーズン、全236話が放送された。

「GOSSIP GIRL」

2007年からアメリカのThe CW系列で放送された。全6シーズン、121話。NY、マンハッタンの、セントラルパークの東側に位置する高級住宅街アッパー・イースト・サイドを舞台に、名門私立学校に通う高校生の日常を描いた恋愛群像劇。富裕層高校生たちの、酒、パーティ、ドラッグ、セックスと、なんでもありな、ライフスタイルにも注目。

「FULL HOUSE」

1987年からアメリカABCテレビで、192話が放送されたシットコム。妻を事故で亡くした男が、男友達に助けられながら、3人の娘を育てていく物語。コメディでありながらも、家族、友情などの温かさにあふれており、家族で楽しめるホームドラマになっている。また児童虐待、喫煙、飲酒、性、死などの、シビアな社会問題も扱っている。

「SEX AND THE CITY」

1998年からアメリカで放送されたラブコメのドラマ。全6シーズン94回放送。NY在住の30代独身女性4人の友情と恋愛をコミカルに描く。赤裸々な恋愛事情やセックスライフ、女性同士の友情やシングルライフのリアリティが、世界中の女性たちの共感を得て爆発的にヒットし、社会現象にもなった。出演者たちのファッションやメイクも話題に。

「BIG BANG THEORY」

2007年からアメリカCBSで放送されたドラマ。全279話。20代のカリフォルニア工科大学の物理学者で、同じアパートをシェアするオタクコンビが主人公。2人合わせるとIQが360を超えるほど頭脳は明晰だが、空気が読めない変わり者。しかも女性にはオクテ。そんなオタク男子が繰り広げる、友情と恋の物語。

習慣3
英語漬けの日を設ける

　英語が飛躍的にうまくなる秘訣、それは、1日まるごと英語漬けの日をつくって、英語だけで過ごすということです。1回試しにやってみるだけでも、相当上達できちゃいますよ。

　もちろん英語圏の国に出かけて、1人であちこちに行って外国人に話しかけてみるというのができるなら一番効果的です。でもそういう時間と金銭的な余裕がなくても、「自宅で英語漬け」をやっちゃいましょう。ケーブルテレビやネットフリックスがあれば簡単ですが、それがなくてもインターネットさえあればすぐに実行できます。

　大切なのは、マインドセットです。**要するに、日本にいながらも、頭の中で「英語圏の国にいる」と信じ込んで、英語の新聞、雑誌、本、ラジオ、テレビだけを読んだり見たりすることに徹します。**webの閲覧も、もちろん英語で。

　いちばん簡単なやり方は、朝からテレビの前に陣取って、シリーズ物のシットコムやドラマを1日中見ること。あっという間に1日が終わります。ぜひ、だまされたと思ってやってみてね。その効果に、きっとびっくりしますよ。

　1日中が無理なら、半日でも数時間でも。定期的にやることでさらに効果が出ること間違いなしです。

習慣4
英語のポップソングで
なりきりヴォーカリストに

　英語のポップソングをたくさん聞いているうちに、英語が上達したという話は1つや2つではありません。好きなものを通じてのアプローチは、とても効果があることが分かりますね。

　この方法に、Davyならではのさらなる提案を追加したいと思います。それは、本書のP.92〜94のレッスンで学んだ法則、コツなどを思い出しながら自分の好きなポップソングを聞くということです。今までとはまったく違うレベルで理解が進むに違いありません。

　たとえば、余計なモーラをつけないで、気持ちだけで発音する子音、あるいは全然発音しない語尾の子音、母音と重母音、連結音、短いフレーズのリズムなどが歌の中でも、ちゃんと聞こえてくるようになります。意識するだけで、聞き取り能力がずいぶん変わります。できれば日本人の皆さんの大好きな「カラオケ」で歌えるように、モノマネをして歌ってみてください。

　英語のポップソングは数もジャンルもいっぱいあるので、お好みのものでいいのですが、**英語の上達を意識して聞くことを考えると「はっきりと、きれいな発音」で歌っている歌手やバンドがおすすめです。**

Davyおすすめ歌手／バンド

Ariana Grande（アリアナ・グランデ）／Bruno Mars（ブルーノ・マース）／Celine Dion（セリーヌ・ディオン）／Christina Aguilera（クリスティーナ・アギレラ）／Cliff Richard（クリフ・リチャード）／Ed Sheeran（エド・シーラン）／Elvis Presley（エルヴィス・プレスリー）／Justin Bieber（ジャスティン・ビーバー）／Katy Perry（ケイティ・ペリー）／Mariah Carey（マライア・キャリー）／Michael Jackson（マイケル・ジャクソン）／Whitney Houston（ホイットニー・ヒューストン）／ABBA（アバ）／Air Supply（エア・サプライ）／Backstreet Boys（バックストリート・ボーイズ）／The Beatles（ザ・ビートルズ）／The Carpenters（ザ・カーペンターズ）／Chicago（シカゴ）／Linkin Park（リンキン・パーク）／One Direction（ワン・ダイレクション）／Queen（クイーン）／Simon and Garfunkel（サイモン・アンド・ガーファンクル）／Westlife（ウェストライフ）　など

　最後に、これを聞いて一緒に歌えば英語が飛躍的にうまくなる「Davy選曲ポップソング」を挙げておきます。好みのものを選んで繰り返し聞いていただければ、必ず役立つと思います。歌詞が知りたければ、インターネット上で見つけられるはずです。

Davyおすすめポップソング

「A Thousand Years」– Christina Perri（クリスティーナ・ペリー）
「Amazing Grace」– Il Divo（イル・ディーヴォ）
「Come Sail Away」– Styx（スティクス）
「Fight Song」– Rachel Platten（レイチェル・プラッテン）

「Hard to Say I'm Sorry」– Chicago（シカゴ）

「Heal The World」– Michael Jackson（マイケル・ジャクソン）

「Hero」– Mariah Carey（マライヤ・キャリー）

「Hosanna」– Hillsong（ヒルソング）

「God Will Make a Way」– Don Moen（ドン・モーエン）

「I Am Not Alone」– Kari Jobe（ケアリー・ジョーブ）

「I Swear」– All-4-One（オール・フォー・ワン）

「I Won't Give Up」– Jason Mraz（ジェイソン・ムラーズ）

「My Heart Will Go On」– Celine Dion（セリーヌ・ディオン）

「My Wish」– Rascal Flatts（ラスカル・フラッツ）

「Never Enough」– Loren Allred（ローレン・オルレッド）

「One Moment in Time」– Whitney Houston
（ホイットニー・ヒューストン）

「Our God」– Chris Tomlin（クリス・トムリン）

「Perfect」– Ed Sheeran（エド・シーラン）

「Shake It Off」– Taylor Swift（テイラー・スウィフト）

「The Climb」– Miley Cyrus（マイリー・サイラス）

「The Power of Love」– Air Supply（エア・サプライ）

「Wake Me Up」– Avicii（アヴィーチー）

「What a Wonderful World」– Louis Armstrong
（ルイ・アームストロング）

「When I Pray for You」– Dan + Shay（ダン＋シェイ）

「Try Everything」– Shakira（シャキーラ）

「When You Say Nothing At All」– Ronan Keating
（ローナン・キーティング）

「You Are The Reason」– Calum Scott（カルム・スコット）

「You Raise Me Up」– Josh Groban（ジョッシュ・グローバン）

PRE LESSON
初期設定

LESSON 1
1 時間目

LESSON 2
2 時間目

LESSON 3
3 時間目

LESSON 4
4 時間目

LESSON 5
5 時間目

LESSON 6
6 時間目

LESSON 7
7 時間目

AFTER LESSON
課外授業

習慣5

お気に入りの
テレビ番組や動画と連動

　これは、習慣2をさらにバージョンアップしたものです。シットコムやドラマで一般生活の英語がある程度分かるようになってきたら、今度は、社会やビジネス、仕事に関する番組を定期的に見るようにしましょう。おすすめの番組は次のページにまとめました。

　ここでも、私から特別の提案があります。

　それは、自分の選んだ番組を使いながら英語の練習をする方法で、これが非常に効果的なのです！

　具体的には、まずは自分のモデルにしたい人を決めます。そして、その人の話し方を真似て、自分でも言ってみるということです。ですから、できれば番組はインタビュー番組がいいでしょう。録画しておいて、何度でも再生できるようにしておきます。

　最初は、2、3語の短い句を真似るだけで十分です。徐々に言葉を増やして、5～8語くらいまで増やします。一時停止や巻き戻しなどを使って、繰り返し練習してください。最初にやってみるなら、次の番組などはいかがでしょうか。

Davyおすすめテレビ番組

CNBC
「Managing Asia」
　「Squawk Box Asia」

Bloomberg TV
「Daybreak Asia」
　「Bloomberg Technology」

　この他にもたくさんの番組があるので、自分でお気に入りを見つけてみてくださいね。また、インタビュー映像は、YouTube でもたくさんアップされています。名前を入れて検索すればいろいろ出てきます。**YouTube では映像によっては英語のトランスクリプションが自動的に生成できる上に、再生スピードを落として聞くこともできます。**効果的に利用して、練習してください。

　インタビューを受けている人は、必ずしも英語のネイティブ・スピーカーではありません。なまりのある英語で話している人がたくさんいます。それに対して、テレビのアンカーはたいていすごく英語が上手くて、欧米人じゃなくてもほぼネイティブ・スピーカーに近い発音です。両方の英語から学べることは多いと思います。

　インタビューのほか、演説やプレゼンテーションを聞くのもとても勉強になるでしょう。政治、経済、ビジネス、生き方、夢や希望。自分の好きなテーマで、お気に入りのスピーカーを探してみると楽しいですよ。TED トークというのもあります。幅広くいろんな分野とテーマで、自分の意見をシェアしたい人がステージで演説するものです。YouTube で「TED talks」で検索してみてください。

　最後に、Davy の個人的に大好きなスピーチをご紹介しておきます。感動のスピーチばかりです。下記の人名と演説タイトルを入れ

て検索してみてください。「English subtitles」という文字も入れると、英語字幕がついているものを探すこともできます。

Davyおすすめスピーチ

Billy Graham　ビリー・グラハム
(**例**「The speech that broke the internet」)

Denzel Washington　デンゼル・ワシントン
(**例**「Fall forward」)

Hillary Clinton　ヒラリー・クリントン
(**例**「Be resilient」)

Joel Osteen　ジョエル・オスティーン
(**例**「Miracles in your mouth」)

Mark Zuckerberg　マーク・ザッカーバーグ
(**例**「Finding your purpose」)

Nick Vujicic　ニック・ブジチッチ
(**例**「If you fail, try again」)

Oprah Winfrey　オプラ・ウィンフリー
(**例**「Learn from every mistake」)

Rihanna　リアーナ
(**例**「Start helping one person」)

Selena Gomez　セレナ・ゴメス
(**例**「Trust yourself」)

Steve Jobs　スティーブ・ジョブズ
(**例**「Stay hungry, stay foolish」)

PRE LESSON 初期設定

LESSON 1 1時間目

LESSON 2 2時間目

LESSON 3 3時間目

LESSON 4 4時間目

LESSON 5 5時間目

LESSON 6 6時間目

LESSON 7 7時間目

AFTER LESSON 課外授業

習慣6

自分の好きな
分野を英語で学ぶ

　自分の好きな分野を英語の書物やメディアで勉強するという方法も、その分野での知識が高まるのと同時に英語の上達にもつながり一石二鳥です。

　私が中国語で学んでいた小学校から、奨学金でイギリス系の中学に入ったとき、周りの同級生の8割以上はすでに英語を話していました。最初はずいぶん劣等感を抱きましたが、幸い私にはたくさんの興味の対象がありました。その当時は、犬、馬、車、飛行機、刀、銃、体操、ギター、マンガなど……。

　興味があるから知りたくて、中学の図書館で、英語で書かれたそれらの本をたくさん読んでいるうちに、たった数か月で自然と英語ができるようになっていたのです。

　皆さんにも、何か好きなもの、好きなこと、好きな分野がきっとあるでしょう。それに関してこそ、英語で世界中の人と話をしてみたいですよね。だったら、最初から英語で勉強してしまいましょう。素晴らしい結果が待っていますよ。

　もう1つ、英語で勉強して損はないのが、自分の仕事に関する知識と情報です。英語の書物、専門誌、各種メディア、インターネットのウェブサイトなどをいろいろ調べてどんどん勉強してください。必ず仕事上でも役に立つし、当然、英語力のレベルも格段にアップします。

PRE-LESSON 初期設定

LESSON 1 1時間目

LESSON 2 2時間目

LESSON 3 3時間目

LESSON 4 4時間目

LESSON 5 5時間目

LESSON 6 6時間目

LESSON 7 7時間目

AFTER-LESSON 課外授業

習慣7
英語で祈る

　私はクリスチャンです。だから、声を出して祈ることに慣れています。朝起きた時、夜寝る前、食事の前はもちろん、必要を感じたときには1日中いつでもお祈りをしています。祈りというのは、自分のために、あるいは誰かのために、心から神様に願う行為なので、非常に素直で真面目で切実な心境から発する言葉です。日本語では素直に言えないことも、英語でお祈りの言葉としてなら言えることもあるでしょう。

　私の個人的な経験ですが、**口下手であまり話をしない人が、お祈りをする習慣をつけた数か月後に自信にあふれる話し上手になっているという例を、これまでにたくさん見てきました。**読者のみなさんはクリスチャンではない方が多いとは思いますが、祈りという行為はクリスチャンだけのものではありません。

　お祈りは、心から自由に、願いを伝えればいいのです。自分と向き合う時間は、英語の上達ばかりでなく自分の心の平安のためにも役に立つと思います。いくつかの例を掲げておきます。

例 Example

自己改善のために祈る

Please help me not to be proud, and give me a warm heart.
私のうぬぼれをなくし、温かい心を与えてください。

人間関係の改善を祈る

I pray that I can be a good listener for my loved ones and my friends.

愛する人や友達の良い聞き手になれることを祈っています。

繁栄や豊かな生活を祈る

May we achieve prosperity as well as an enriching life.

私たちが繁栄と豊かな生活を実現できますように。

自分や他人の安全と健康を祈る

Please watch over all my loved ones so that they will be safe and healthy.

私の愛する人が無事で健康であるようにすべて見守ってください。

世界や周りの人のために祈る

I pray that the world will be at peace and free from disasters.

世界が平和で災害から解放されることを祈ります。

このように、祈りは自分の想いを心から素直に願うものなので、どんどん心のうちを伝えられるようになり、英語も上達しやすいのです。ぜひ、習慣に取り入れてみてください。

Afterword
おわりに

　とうとう本当に終わりの時間になりました。最初から順にここまでのレッスンを終えた方は、本書でシェアした方法で、効率的に英会話のコツを身につけていただけたのではないでしょうか。現時点での達成度には個人差があると思いますが、「必ずものにできる！」という自信は、皆さんの胸に燃え上がっていることでしょう。

"Today is the first day of the rest of your life."

今日はあなたの残りの人生の始まりの日です。

　ぜひ、なまけ癖に引っ張られずに、引き続きがんばってください。

　皆さんの英語力が飛躍的に伸びて、コミュニケーション力が向上し、仕事の面でも生活の面でも、また人間関係の面でもこれまで以上にもっともっとうまくいきますように。

　そして、神様のご恩恵を受けて、あなた自身が成長し、他人と社会にもっと貢献ができるようになり、さらに心豊かな人となって、常に満たされた気持ちでより有意義な人生を歩んでいけるように、心から祈っています。

なお本書を出版するにあたって、多くの方にお世話になりました。

まずライターの白鳥美子さん。

私の本のアイデアに興味を示してくださり、実際に本書の4章くらいまでのレッスンを一緒にやってみたところ、「これは行ける！」と、太鼓判を押してくれました。たった7時間で英語が話せるようになるということを分かってくれた最初の人です。

そして、ダイヤモンド社の編集者の井上敬子さん。

彼女は私が考えた7時間だけで英語を習得できる方法をとことん理解し、プロとしての助言によって、私がこの本でフォーカスしたかったところを分かりやすく説明できる企画にしてくれました。

そして、ジェーン・ラウ（Jane Lau）。

彼女は私の娘で、シンガポールで生まれ育ち、幼児の時から、イギリス系の保育所、世界のトップ10のインターナショナルスクールの小中高を経て、イギリスに渡りました。イギリスの大学では英文学を学び、ファーストクラスの名誉で卒業しました。いわゆる準ネイティブ・スピーカーです。

私は本書で、21世紀は、ノン・ネイティブの英語でOKと主張はしていますが、一応、彼女にこの本に出ているすべての例文と練習題の英語がちゃんとネイティブ・スピーカーでも使っているものだと、確認及び校正をしてもらいました。ありがとうジェーン！

そして、最後に、神に感謝します。あなたは、私が20代の時にすでに、この本を出す決意をさせて、それが実現できるように私を導いてくださいました。

　これはあなたがくださったわたしへの思し召しだと信じて、より多くの読者の皆さんにこの本が届き、皆さんのお役にたち、これからもさらに多くのノウハウをお届けできることを祈っております。

Davy Lau

［巻末資料］

中学英文法の基本

❶ 文の種類

　肯定文、否定文、疑問文、命令文、感嘆文それぞれの場合に英語で
はどのような語順になるのか、また、使用する単語にどんな特徴があ
るのかを再確認しておきましょう。

肯定文　「〜です」「〜である」

「主語 (S) ＋動詞 (V) ＋補語・目的語」という語順になります。

例 Example

I am Japanese.

私は日本人です。

I like cooking.

私はお料理をするのが好きです。

否定文　「〜ではない」「〜しない」

　肯定文に「not」をつけて否定の意味にします。このとき、notの入
る位置に注意してください。be動詞の場合は「not」をその後ろにつ
けます。一般動詞で現在形の場合、主語が「I」「You」または複数な
ら「don't (=do not)」、それ以外の単数なら「doesn't (=does not)」が
動詞の前に入ります。過去形の場合は常にdidn'tが使われます。

例 Example

I'm not sleepy.

私は眠くない。

We don't like cats.

私たちは猫が好きではない。

He doesn't eat pork.

彼は豚肉を食べない。

You didn't bring an umbrella.
あなたは傘を持ってこなかった。

疑問文 「〜ですか?」

　疑問文には答えが「Yes／No」で答えられるクローズなものと、「How」や「Who」「When」「Where」「What」「Why」などで始まる、具体的な答えを求めるオープンなものがあります。

例 Example

Is this your book?
これはあなたの本ですか?
Yes, it is. ／ No, it isn't.

Does he like cake?
彼はケーキが好きですか?
Yes, he does. ／ No, he doesn't.

Did you eat breakfast this morning?
今朝、朝ご飯を食べましたか?
Yes, I did. ／ No, I didn't.

How did you cook the potatoes?
じゃがいもでどんな料理を作ったの?

I boiled and mashed them to make potato salad.
茹でてつぶしてサラダにしたよ。

命令文 「〜しなさい」「〜してはいけない」「〜しましょう」

命令文には主語がありません。動詞の原形や「Let's」で文を始めます。否定形の命令文の場合は「Don't」で始めます。

例 Example

Be careful.
気をつけて。
Show me the letter.
その手紙を私に見せなさい。
Let's go inside to have a chat.
中に入って話しましょう。
Don't raise your voice.
大きな声をあげないでください。

感嘆文 「なんて〜なんでしょう!」

心の動きを感情豊かに表現するときに使います。「What」または「How」で始めて、主語+動詞の語順です。
(口語では主語と動詞が省略されることが多い)

例 Example

What a beautiful sunset!
なんて美しい夕陽なんでしょう!
How beautiful!
なんて美しいんだろう!

❷ 基本の構文

中学英語で習った「5文型」を簡単におさらいしておきましょう。本

文中でも述べましたが、英語は「語順」が重要です。正しい語順で話せば、ちゃんと通じます。

S=Subject（主語）
V=Verb（動詞）
O=Object（目的語）
C=Complement（補語）

第1文型　S+V

例 I laughed.
私は笑いました。

第2文型　S+V+C

例 I am a singer.
私は歌手です。

第3文型　S+V+O

例 I bought a book.
私は本を買った。

第4文型　S+V+O+O

例 He sent me a letter.
彼は私に手紙をくれた。

第5文型　S+V+O+C

例 His letter made me happy.
彼の手紙が私を幸せにした。

❸ 時制

　時制については、本書ではとりあえず「あまり気にしなくてよい」としましたが、きちんと身につけた方がベターなのは当然です。その場合は、時制の説明に重点を置いたテキストで勉強してください。ここでは、少し復習したい方の為に、日常の会話の中でよく使うものに絞って紹介しておきましょう。

現在形　「～です」「～します」

　今現在の事実を表します。

例 Example

I'm a writer.　私は作家です。
I read a book every day.
私は毎日本を一冊読みます。

過去形　「～でした」「～しました」

　過去の出来事を表します。

例 Example

I was a marathon runner when I was a student.
学生時代、マラソン選手でした。
I lived in Kyoto until I was 18.
18歳の頃まで、京都に住んでいました。

進行形（現在進行形「今～している」／過去進行形「その時～していた」）

　「be動詞＋動詞の-ing形」で「～している」「～していた」という進行形を表します。be動詞の時制で「現在」か「過去」かを区別します。

例 Example

I'm listening to music now.
私は今音楽を聞いています。

I was listening to music when you messaged me.
メッセージをもらった時、音楽を聞いていました。

現在完了形　「～したことがある」「すでに～してしまった」

　動詞の過去分詞を使って「have（またはhas）＋過去分詞」で「～したことがある」「今～したばかり」「すでに～してしまった」という表現ができます。

例 Example

I have been to France twice.
フランスには二度行ったことがある。

She has just arrived.
彼女はちょうど到着したばかりです。

He has already left the office.
彼はもうオフィスを出てしまいました。

未来形　「～でしょう」「～するつもりです」

　今より「先」のことを表します。

例 Example

I'm going to relax at home tomorrow.
明日はゆっくり家で過ごすつもりです。

I will go to New York in April.
４月にニューヨークに行くつもりです。

❹ 助動詞

本文の中で、どんなときにも万能なお願い言葉として「May I〜?」を紹介しました (P.201) が、この「may」がまさに助動詞。他にも、日常会話の中で非常に出番が多いものを挙げておきます。助動詞を使うときの語順は「S＋助動詞＋動詞の原形」となります。否定形の場合は助動詞と動詞の原形の間に「not」を入れます。

---
can 「〜できる」

例 Example

My daughter can play the piano well.
うちの娘は上手にピアノが弾けるよ。

You can't eat here unless you are a staff.
スタッフ以外は、ここで食べられません。

---
must 「〜しなければならない」

例 Example

She must finish her work by tomorrow.
彼女は明日までに仕事を終えなければならない。

---
may 「〜してもよい」「〜かもしれない」

例 Example

He may meet her tomorrow.
彼は明日彼女に会うかもしれない。

May I sit here?
この席に座ってもいいですか？

---
should 「〜すべきだ」

例 Example

You should wash your hands as soon as you get home.

家に帰ったらすぐに手を洗うべきだ。

You shouldn't walk alone at night.

夜に1人で出歩くべきではない。

---

shall 「〜しましょう」

> **例** Example

Shall I pour you some tea?

お茶をつぎましょうか?

---

❺ 比較級と最上級

　2つのものを比べて「Aの方がBより〜だ」と表現したり(比較級)、3つ以上のものの中から「いちばん〜だ」と表現したり(最上級)することは、日常の中でも多いですね。スムーズに使いこなせると、とても便利です。

　比較級は形容詞の語尾を「〜er」にして表す場合と形容詞の前に「more」をつける場合があります。最上級の場合も同様に「the+〜est」または「most〜」で表します。

> **例** Example

He is eight years older than I am.

彼は私より8歳年上だ。

This bag is more beautiful than the others.

このバッグは他のバッグより美しい。

Mt. Fuji is the tallest and most beautiful mountain in Japan.

富士山は日本で最も高く、最も美しい山です。

Haruki Murakami is the most famous Japanese writer overseas.

村上春樹は海外で最も有名な日本の作家だ。

❻ 不定詞

　不定詞という言葉は耳慣れないかもしれませんが、会話の中で非常に多く使われるものなので、ぜひマスターしてください。不定詞は名詞のあとに「to+動詞原形」の形をとり、「to」以下の動詞によって、直前の名詞を修飾したり目的を付け加えたりします。

例 Example

There is a lot to see in Paris.
パリでは、見るところがたくさんある。
I want to buy a game to play with my friends.
友だちと一緒に楽しむためのゲームを買いたい。

　また、「疑問詞+to+動詞の原形」が使いこなせるようになると会話の幅が広がります。

例 Example

I don't know where to buy the train ticket.
私はどこで切符を買えばいいのか分かりません。
Could you tell me how to use this coffee machine?
このコーヒーマシンの使い方を教えていただけますか？

　さらに、もう1つ欲張って覚えて欲しいのが「誰かに〜してほしい」「誰かに〜するように頼む／言う」を表す不定詞を使った言い方です。「ask」「want」「tell」の後に「人（誰かに）」+「to+動詞の原形」という語順です。

例 Example

I asked him to take me for a drive.

私は彼にドライブに連れていってくれるように頼みました。

I wanted her to read this book.

私は彼女に、この本を読んで欲しかった。

My mother told me to clean the bathtub.

母は私にお風呂を掃除するように言った。

❼ 間接疑問文

「～ですか?」と直接的に聞く「疑問文」に対して、文中に疑問文を埋め込んで間接的にやんわり聞くのが「間接疑問文」です。例えば、道に迷って駅の場所を教えてもらいたい場合などに、いきなり「○○駅はどこですか?」と聞くのは、何となく不躾な感じがします。そんな時は間接疑問文を使って「○○駅はどこか、ご存じですか?」と聞けるといいですね。

例 Example

I don't know why she's crying.

彼女がなぜ泣いているのか分からない。

Do you know where the station is?

駅がどこなのか分かりますか?

Can you tell me when the restaurant will open?

レストランがいつ開くか、ご存じですか?

[著者]

デイヴィ・ラウ（Davy Lau）

シンガポール国立大学のMBAコースで英語コミュニケーション術を教えるシンガポール在住の国際投資家。投資会社DGL会長。香港の貧困家庭で生まれ育ち、高校卒業後、日本の文部省（当時）の奨学金で来日。東京外国語大学で日本語を学び日本語学科を首席で卒業、一橋大学大学院で修士号を取得。外資系企業勤務の後、スタートアップ企業を創業し、91年にシンガポール移住。世界"トップ5"のヘッドハンティング会社のグローバルパートナーやアジア支社長として、多国籍企業の幹部、社長採用や経営陣構築など数百件に携わる。また、アメリカ、香港、シンガポールなどの上場企業の役員も歴任。現在、シンガポール国立大学で、超効率的な英語コミュニケーションを5日間で仕上げる課程を多くの日本人も含む世界各国の留学生を対象に指導中。在日中から今までに英語を教えた日本人の数はのべ1000人以上。日本語や日本人の特性と、世界標準のビジネス英語の両方を知る稀有な外国人として、"日本人にとって最も効率的な"英語習得法を生み出す。本書が初めての著書になる。

7時間で英語が突然ハッキリ聞こえて会話が続く本

2021年2月16日　第1刷発行
2021年3月5日　第2刷発行

著　者―――デイヴィ・ラウ
発行所―――ダイヤモンド社
　　　　　　〒150-8409　東京都渋谷区神宮前6-12-17
　　　　　　https://www.diamond.co.jp/
　　　　　　電話／03-5778-7233（編集）　03-5778-7240（販売）

ブックデザイン―渡邉雄哉（LIKE A DESIGN）
イラスト―――uca（UNFRAMEUDD）
英文作成・英文校正―ジェーン・ラウ（Jane Lau）
校正―――――NA Lab.　シーモア
ＤＴＰ―――――エヴリ・シンク
製作進行―――ダイヤモンド・グラフィック社
印刷／製本―――勇進印刷
編集協力―――白鳥美子
編集担当―――井上敬子
JASLAC 出 2100131-101